SÃO DOMINGOS
SAINT DOMINIQUE

Título original: *Saint Dominique*

Editor
Edson Manoel de Oliveira Filho

Produção editorial
É Realizações Editora

Capa e projeto gráfico
Mauricio Nisi Gonçalves | Nine Design

Preparação de texto
Otacílio Palareti

Revisão do texto em português
Julian F. Guimarães

Revisão do texto em francês
André Luís Tavares

CIP-BRASIL. CATALOGAÇÃO NA PUBLICAÇÃO
SINDICATO NACIONAL DOS EDITORES DE LIVROS, RJ

Bernanos, Georges, 1888-1948
São Domingos / Georges Bernanos ; tradução André Luís Tavares. - 1. ed. - São Paulo : É Realizações, 2022.
96 p. ; 21 cm. (Georges Bernanos)

Tradução de: Saint Dominique
ISBN 978-85-8033-414-2

1. Domingos, São, 1170-1221. 2. Santos cristãos - Vida monástica e religiosa. I. Tavares, André Luís. II. Título. III. Série.

22-81266 CDD: 248.894
CDU: 27-584:27-36DOM

Meri Gleice Rodrigues de Souza - Bibliotecária - CRB-7/6439
22/11/2022 25/11/2022

É Realizações Editora, Livraria e Distribuidora Eireli
Rua França Pinto, 498 · São Paulo SP · 04016-002
Telefone: (5511) 5572 5363
atendimento@erealizacoes.com.br · www.erealizacoes.com.br

Este livro foi impresso pela Gráfica Paym, dezembro de 2022. Os tipos são da família Adobe Garamond. O papel do miolo é o Pólen Bold 90g., e o da capa, Ningbo C2S 250 g.

SÃO DOMINGOS
SAINT DOMINIQUE

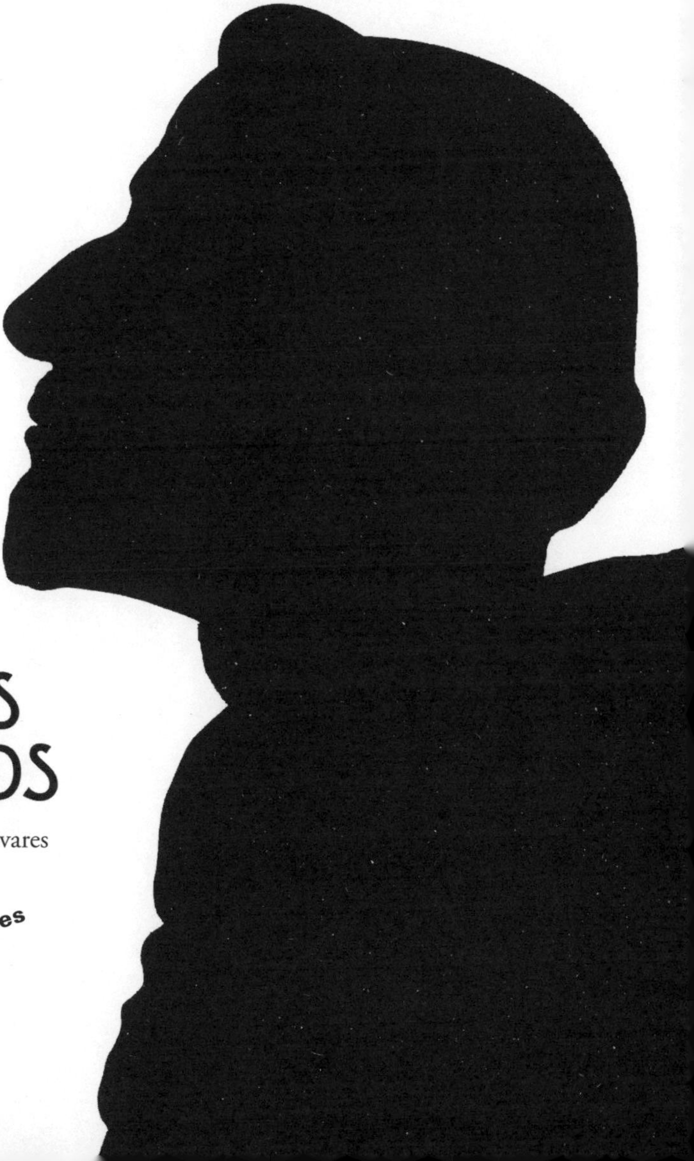

GEORGES
BERNANOS

Tradução: André Luís Tavares

É Realizações
Editora

Sumário

NIHIL OBSTAT

Paris, 28 de abril de 1939
† Pierre Boisselot
Lente em Teologia

IMPRIMATUR

Paris, 2 de maio de 1939
† Rogerius Beaussart
Epis. Elaten

Préface
Saint Dominique

C'est au début d'octobre 1926 que Bernanos se met à écrire ce texte sur Saint Dominique[1] que lui a vraisemblablement commandé Henri Massis. C'est du moins ce que l'écrivain laisse entendre dans une lettre à ce dernier,[2] du début de ce mois[3] : J'ai commencé mon Saint Dominique, mais pour l'amour de vous » Dans la mesure où Plon a déjà envoyé à Bernanos dès le 4 octobre ses droits

[1] « *Saint Dominique* », *La revue universelle,* 1er décembre 1926, édition originale , février 1928, La Tour d'Ivoire, Gallimard, 1939.

[2] Lettre à Henri Massis, (fin septembre 1926 ?) *Correspondance T. I* ,1904_1934, Lettres recueillies par A. Béguin, éditées par sœur Jean Murray, O.P., Plon, 1970,p. 261. Bernanos ne datait ses lettres que du jour de la semaine ou d'une fête liturgique.; La datation de l'édition est donc parfois problématique, ou même erronée, comme l'a montré dans sa thèse sur *la Correspondance de Bernanos*, soutenue à Paris-Nanterre en 2003, Young Youn Hee.

[3] Lettre à Henri Massis, (oct. 1926), *Cor.* I, op.cit. p. 269.

Prefácio à edição brasileira

Foi no começo de outubro de 1926 que Bernanos pôs-se a escrever este texto sobre São Domingos,[1] que provavelmente foi-lhe encomendado por Henri Massis. Ao menos é o que o escritor dá a entender em uma carta a Henri,[2] do começo do mês de outubro[3]: "Comecei meu *São Domingos*, mas por amor ao senhor". Tendo em vista que a Editora Plon já tinha enviado a Bernanos,

---

[1] "*Saint Dominique*", *La revue universelle*, 1. dez. 1926, edição original, fev. 1928, La Tour d'Ivoire, Gallimard, 1939.

[2] Carta a Henri Massis (fim de setembro de 1926?), *Correspondance*, t. I, 1904-1934. Cartas reunidas por A. Béguin, editadas pela Irmã Jean Murray, O.P., Paris, Plon, 1970, p. 261. Bernanos, ao datar suas cartas, colocava somente o dia da semana ou de uma festa litúrgica. A data da edição é, pois, problemática, ou mesmo errada, como mostrou em sua tese *La Correspondance de Bernanos*, defendida na Universidade de Paris-Nanterre, em 2003, Young Youn Hee.

[3] Carta à Henri Massis (out. 1926), *Cor.* I, op. cit., p. 269.

d'auteur que celui-ci disait attendre dans sa lettre datée de la fin septembre, j'aurais tendance à dater cette nouvelle lettre du tout début d'octobre. Bernanos a commencé alors d'écrire ce texte qu'il achève fin novembre 1926, soit en deux mois à peine, comme il le précise sobrement dans une lettre ultérieure au même destinataire[4] : « j'ai terminé mon saint Dominique ». Curieusement, il ne se livre à aucun commentaire, ce qu'il fait de coutume lorsqu'il a péniblement achevé un roman car il écrit laborieusement et ses manuscrits très raturés ll"attestent. « Pouvons-nous en conclure qu'il a écrit *Saint Dominique* sans les affres habituelles ? Toujours est-il que ce premier texte hagiographique (il écrira trois ans plus tard sa magnifique *Jeanne relapse et sainte*) paraît dans *La Revue Universelle,* du 1er décembre 1926. C'est dire qu'il a été rédigé assez vite, compte tenu de son rythme habituel d'écriture, assez lent. Même s'il ne s'en est pas expliqué, peut-être pouvons-nous pressentir la raison de cette relative aisance en situant ce texte dans l'itinéraire de l'écrivain.

Bernanos a trente-huit ans. Il a donc atteint l'âge de la maturité. Il a fait la guerre de 14, s'est marié, a déjà quatre enfants. il vient de publier chez Plon, arès de multiples tentatives infructueuses, son premier roman *Sous le Soleil de Satan,* qui connaît un immense succès de librairie, ce qui le ravit mais le surprend. Le voici donc auteur célèbre, amené à se répandre en interviews

---

[4] Lettre à Henri Massis, *Cor.* I, op.cit., p. 283.

desde o dia 4 de outubro, o valor de seus direitos autorais, que ele dizia esperar em sua carta datada do fim de setembro, eu tenderia a datar essa nova carta bem no começo de outubro. Bernanos começou, então, a escrever este texto, que terminaria no final de novembro de 1926, ou seja, em apenas dois meses, como ele salienta sobriamente numa carta ulterior, ao mesmo destinatário[4]: "Terminei meu *São Domingos*". Curiosamente, ele não tece comentário algum, o que costumava fazer quando havia, sofrivelmente, terminado um romance ou um escrito laboriosamente, como atestam seus manuscritos cheios de rasuras. Podemos concluir que ele tenha escrito *São Domingos* sem os tormentos habituais? Além disso, este seu primeiro texto hagiográfico (ele escreverá, três anos mais tarde, *Joana, Relapsa e Santa*) aparecerá em *La Revue Universelle*, do dia 1.º de dezembro de 1926 – ou seja, ele o escreveu bem rapidamente. Mesmo que ele não o tenha explicado, podemos supor esta relativa facilidade situando o presente texto no itinerário do escritor.

Bernanos tinha 38 anos de idade. Ele havia atingido, pois, a idade madura. Participara da guerra de 1914, casara-se, e já tinha quatro filhos. Acabara de publicar, pela Editora Plon, após várias tentativas frustradas, seu primeiro romance *Sob o Sol de Satã*, um grande sucesso literário, o que lhe trouxe alegria, mas também o surpreendeu. Ei-lo agora como um autor célebre, levado

---

[4] Carta a Henri Massis, *Cor.* I, op. cit., p. 283.

et conférences. Il est très sollicité. Il écrit ce texte hagiographique pour une revue tout entière placée sous 'l'égide de l'Action française ; or celle-ci est en pleine crise en raison de sa condamnation par le Pape, ce qui affecte et scandalise notre auteur. Il avait pourtant pris quelques distances avec ce mouvement dès 1919 mais il se met à défendre les chrétiens d'Action Française parce qu'il se sent solidaire d'eux, connaît leur bonne foi ; cette condamnation, tragique pour eux, lui paraît injuste. Il la suspecte d'avoir été dictée par des considérations purement politiques. Il n'est que d'entendre l'indignation qui gronde dans sa lettre à son grand ami Robert Vallery-Radot[5]:

> *Mais c'est la vérité que nous demandons. Que le pape nous la donne, que cela lui fasse mal ou non. Nous devons la lui arracher. Au pont où il en est, c'est la parole du Saint esprit qu'il nous doit. Il nous la faut ; ces tripatouillages et équivoques sont un scandale intolérable. La vérité ou la mort!.*

Or ces paroles véhémentes surgissent au moment même où il commence son *Saint Dominique* et pourtant ce texte respire la sérénité. Pouvons-nous expliquer ou du moins éclairer ce paradoxe ?

Une confidence un peu plus tardive permet de soulever un coin du voile : l'écrivain constate dans une nouvelle lettre

---

[5] Lettre à Robert Vallery-Radot, *Cor.* I, op. cit., p. 274.

a dividir-se entre entrevistas e conferências. Ele tornou-se muito solicitado. Escreveu este texto hagiográfico para uma revista que se encontrava inteiramente sob a égide da Action Française; ora, esta organização estava em plena crise, em razão de ter sido condenada pelo papa, o que afetou e escandalizou nosso autor. Ele havia tomado certa distância deste movimento desde 1919, mas passou a defender os cristãos da Action Française por sentir-se solidário a eles, pois conhecia sua boa-fé; essa condenação, trágica para os membros do movimento, pareceu-lhe injusta. Ele suspeitava que ela tivesse sido guiada por motivos puramente políticos. Basta perceber sua estrondosa indignação na carta a seu grande amigo Robert Vallery-Radot[5]:

> *Mas é a verdade que nós queremos. Que o papa no-la dê, quer isso cause ou não dor. Nós devemos arrancá-la dele. Do lugar onde ele está, é a palavra do Espírito Santo que ele nos deve. Nós precisamos dela; essas farsas e os equívocos são um escândalo intolerável. A verdade ou a morte!*

Ora, tais palavras veementes surgiram no momento em que ele começou seu *São Domingos* e, contudo, este texto respira serenidade. Será que podemos explicar ou, ao menos, esclarecer esse paradoxo?

Uma confidência, um pouco mais tardia, permite-nos desvendar um ângulo desse mistério: o escritor constata numa nova carta

---

[5] Carta a Robert Vallery-Radot, *Cor.* I, op. cit., p. 274.

à Henri Massis[6] qu'en écrivant le début de *La Joie*, un an plus tard, il éprouve une espèce de ravissement : «Je vis avec deux saints délicieux, deux vrais saints, que j'invente à mesure. Tout est si lumineux que je ne puis penser à autre chose, et 'j'ai le cœur enchanté. »Il s'agit bien sûr des personnages de l'abbé Chevance et de Chantal de Clergerie, l'héroïne du roman. Or dans *Sous le Soleil de Satan* publié en 1926 mais commencé bien des années auparavant, il abordait déjà le problème de la sainteté, comme il le souligne dans sa première interview donnée à Frédéric Lefèvre[7]:

Qu'aurais-je jeté en travers de cette joie obscène, sinon un saint ? A quoi contraindre les mots rebelles, sinon à définir, par pénitence, la plus haute réalité que puisse connaitre l'homme aidé de la grâce, la Sainteté ?

En constituant son personnage de Donissan, Bernanos y songe; mais ce dernier n'était justement pas un saint, comme il l'analyse pour des lecteurs qui se méprenaient : « Mon saint de Lumbres est

---

[6] Ibidem, lettre du 15 août 1927,*Cor.* I., op. cit., p. 311.

[7] Entretien accordé en 1926 à Frédéric Lefèvre, publié dans *Les Nouvelles Littéraires*, le 17 avril 1926, repris dans les essais de F. Lefèvre, intitulé *Georges Bernanos*, 2 éd., Paris, La Tour d'Ivoire, 1926, p. 63-102. Republié dans *Essais et Écrits de Combat*, textes publiés par Y. Bridel, J. Chabot et J. Urt, sous la direction de Michel Estève, Paris, Gallimard (La Pléiade), 1971, p. 1043.

a Henri Massis[6] que, ao escrever o início de *A Alegria*, um ano mais tarde, ele experimentou uma espécie de êxtase: "Eu vi, com dois santos encantadores, dois verdadeiros santos, que vou inventando. Tudo é tão luminoso que não consigo pensar em outra coisa, e tenho o coração encantado". Ele se refere, é claro, a dois personagens, o padre Chevance e Chantal de Clergerie, a heroína do romance. Ora, em *Sob o Sol de Satã*, publicado em 1926, mas iniciado vários anos antes, ele já abordava o problema da santidade, como sublinhou em sua primeira entrevista concedida a Frédéric Lefèvre[7]:

> *Com que poderia eu ter estancado esta alegria obscena, senão com um santo? Para que constranger as palavras rebeldes, senão para definir, pela penitência, a mais alta realidade que possa conhecer o homem, ajudado pela graça: a Santidade?*

Bernanos sonhava com isso ao constituir seu personagem Donissan; mas este último não era precisamente um santo, como ele o analisa para alguns leitores que se enganavam a seu respeito: "Meu santo de Lumbres é um santo excepcionalmente atormentado. Digamos

---

[6] Ibidem, carta a Henri (15 ago. 1927), *Cor.* I, op. cit., p. 311.

[7] Entrevista concedida em 1926 a Frédéric Lefèvre, publicada em *Les Nouvelles Littéraires*, no dia 17 de abril de 1926, retomada nos ensaios de F. Lefèvre, intitulado *Georges Bernanos*, 2 ed., Paris, La Tour d'Ivoire, 1926, p. 63-102. Publicado novamente em *Essais et Écrits de Combat*, textos publicados por Y. Bridel, J. Chabot e J. Urt, sob a direção de Michel Estève, Paris, Gallimard (La Pléiade), 1971, p. 1043.

un saint exceptionnellement tourmenté. Disons plus : c'est un saint exceptionnel ». Il rectifie plus loin au cours du même entretien :

> *Mon saint de Lumbres n'est pas un saint, mettons, si vous voulez, que c'en est le manuscrit encore informe.*

Pourtant il laisse entendre qu'il aimerait bien essayer de comprendre la sainteté de l'intérieur en écrivant,« de recomposer du dedans une vie de saint » Il nuance alors: » je dis d'un Saint véritable, authentique, donné pour tel par l'Eglise . Hélas ! Il y a trop d'essais malheureux » Il se récuse dès l'abord : « je ne suis pas si hardi de me proposer d'écrire jamais, de recomposer du dedans la vie d'un saint. » Et pourtant une autre phrase de Bernanos dans la même interview permet de pénétrer dans les sentiments qu'il a dû éprouver lorsqu'il se lance dans cette entreprise risquée, difficile :

> *et même à supposer un saint imaginaire (ce qu'il fera justement dans La Joie) « ce serait folie de vouloir forcer les mots à exprimer ce qui est, par nature, inexprimable, la paix au-dessus de tout langage.*[8]

On voit donc entre quels écueils l'écrivain va devoir naviguer lorsqu'il s'immerge dans la vie de saint Dominique telle qu'il la trouve présentée dans une biographie publiée l'année précédente,

[8] Interview à Frédéric Lefèvre, ibidem, p.1043.

mais: é um santo excepcional". Um pouco mais adiante, na mesma entrevista, ele retifica:

Meu santo de Lumbres não é um santo; digamos, se quiserem, que se trata de um manuscrito ainda informe.

Entretanto, ele deixa entender que gostaria de tentar compreender a santidade a começar do interior ao escrever, "recompor desde o interior uma vida de santo". Então, ele marca com nuance: "Falo de um Santo de verdade, autêntico, dado como tal pela Igreja. Que pena! Há tentativas infelizes em demasia". Ele se recusa, a princípio: "Não sou tão audaz para me propor a escrever algum dia, de recompor, desde o interior, a vida de um santo". Contudo, outra frase de Bernanos, na mesma entrevista, permite-nos penetrar nos sentimentos que ele deve ter experimentado quando se lançou nesse arriscado e difícil empreendimento:

...e mesmo supor um santo imaginário (justamente o que ele fará em A Alegria); seria loucura querer forçar as palavras a exprimir o que é, por natureza, inexprimível, a paz para além de toda linguagem.[8]

Vemos, assim, entre quais escolhos o escritor vai navegar quando mergulha na vida de São Domingos tal como ele a encontrou apresentada numa biografia publicada, no ano anterior, pelo padre

[8] Entrevista concedida a Frédéric Lefèvre, ibidem, p. 1043.

par le père Petitot,[9] lui même dominicain, grand spirituel, mais qui est soucieux d'user des méthodes historiques alors en vogue.

A l'évidence, Bernanos n'ambitionne à aucun prix, et ce n'est du reste pas ce qui lui est demandé, d'écrire une vie de saint érudite – c'est déjà fait-mais de méditer à son tour sur la sainteté à partir de la vie de Dominique. Et que fait-il ? il écoute d'abord des voix comme l'aurait fait selon lui Dominique au seuil de sa vie : « des voix « diverses, innombrables « s'élèvent qui troublent l'esprit » On retrouve le romancier Bernanos partout sensible aux voix, contrepoint musical des mots, « ces voix que la première Mouchette croit entendre grouiller en elle : » Pas une voix seulement m'appelle, tu sais ! mais des cent ! des mille ! [10] » et ces voix aussi que le grand vent noir (...), éparpille, »au

---

[9] Le Père Petitot, Dominicain de la province de Paris est un grand spirituel ;il a écrit de nombreuses vies de saints et dans uenc ertaien emsure, Bernanos pouvait se sentir fort proche de lui ; IL était en efeet origianire du pas de Calais si cher à Bernanos qui y passa ses vacacnes enfants, y séjourné adolescent . De plus le Père Peiitot comme Bernanos a beaucoup lu Jean de la Croix et Saitne Tthérès d'Avila ; IL a très vite été séduit, tout ccmme le sera Bernanos, âr r la spiritualité de Thérèse de Lisieux. Nous remercions Frère Gilles Berceville, O.P, d'avoir attiré notre attention sur ce religieux et de.nous avoir procuré sa notice dans le *Dictionnaire de spiritualité, ascétique et mystique,* Beauchesne, 1984,p.1207 et séq.

[10] *Sous Le Soleil de Satan*, Plon, 1926, Gallimard, la Pléiade, 1970, nouvelle édition, œuvres romanesques, 2015, p. 99.

Petitot,[9] um dominicano, grande espiritualista, mas que estava preocupado em utilizar os métodos históricos então em voga.

Evidentemente, Bernanos não tem a menor ambição (e não é isso que lhe é pedido) de escrever uma vida de santo de forma erudita – isso já existia –, mas sim de meditar, por sua vez, sobre a santidade com base na vida de Domingos. E o que ele faz? Primeiramente, escuta algumas vozes, como o teria feito, segundo o próprio Bernanos, São Domingos ao final da vida: "vozes (...), numerosas e diversas, a ponto de perturbar o espírito" (p. 51). Por toda parte, o romancista Bernanos é sensível às vozes; contraponto musical às palavras, essas vozes que a primeira Mouchette crê ouvir remoer em si: "Não é apenas uma voz que me chama, tu sabes! Mas centenas! Milhares!"[10],

---

[9] R. P. H. Petitot, O.P., *La Vie de Saint Dominique*, Éditions de La Vie Spirituelle, Saint Maximin (Haut-Var), 1925. O Padre Petitot, dominicano da Província de Paris, era um grande autor espiritual; escreveu numerosas vidas de santos e, em certa medida, Bernanos podia sentir-se muito próximo a ele; ele era originário do Pas-de-Calais, região tão cara a Bernanos, que lá passava as férias na infância e em alguns períodos da adolescência. Além disso, o Padre Petitot, como Bernanos, leu muito João da Cruz e Santa Teresa d'Ávila; muito rápido foi seduzido, do mesmo modo que Bernanos, pela espiritualidade de Teresa de Lisieux. Agradecemos o frei Gilles Berceville, O.P., por ter chamado nossa atenção para este religioso e por nos ter fornecido a notícia que lhe consagra frei Pierre Raffin, O.P. (à época, do Convento da Anunciação, de Paris) no *Dictionnaire de spiritualité, ascétique et mystique*. Paris, Beauchesne, 1984, col. 1207 e seguintes.

[10] *Sous le Soleil de Satan*, Plon, 1926, Gallimard (la Pléiade), 1970, nova edição de romances, 2015, p. 99 (*Sob o Sol de Satã*, trad. Jorge de Lima, São Paulo, É Realizações, 2010).

seuil du récit,[11] donnant sa tonalité à l' l'ouverture de *La Nouvelle Histoire de Mouchette* . Ici aussi le ton est donné ; il est poétique. Il s'agit moins de relater des faits que de saisir de 'l'intérieur une destinée de saint. Il n'est donc pas surprenant que l'écrivain s'appuie sur une vision bergsonienne de la liberté, qui par-delà tous les déterminismes, émane du moi profond dans une sorte de jaillissement spirituel et spontané : les destinées des saints rayonnent, resplendissent et ne peuvent être confondues avec celles du génie que par une vue superficielle. En comparant le génie et le saint, Bernanos décèle dans le destin du génie « quelque chose qui résiste à la lumière, une hypertrophie de l'esprit aux dépens du cœur et de la charité : « quelque chose d'hostile et d'irréductible, et comme un principe de « stérilité ». A qui pense-t-l ? Il ne le dira pas mais l'on peut se demander si la figure de Maurras ne se dessine pas en lui, Maurras d'une intelligence brillante mais qui défend la religion catholique sans la foi au Christ. Au moment même où il compose ce Monique, Saint Dominique, le romancier met sur pieds le personnage de Cénabre, le héros de *L'Imposture*, soit un mauvais prêtre au cœur plein de ténèbres,grand intellectuel au demeurant , spécialiste des mystiques qui ose » écrire de la sainteté » comme si la charité n'existait pas, perversion satanique dont Bernanos entend bien

[11] *Nouvelle Histoire de Mouchette*, La Palatine, Plon, 1937, édition Gallimard, La Pleiade, 1970, Nouvelle édition, Gallimard, 2015, p. 449.

e "tais vozes, como o grande vento negro (...), espalham-se", no início da narrativa,[11] dando sua tonalidade à abertura da *Nova História de Mouchette*. Também aqui se dá o tom; ele é poético. Trata-se menos de relatar fatos que de compreender desde o interior o destino de um santo. Não é de surpreender, portanto, que o escritor apoie-se em uma visão bergsoniana da liberdade, que, para além de todos os determinismos, emana do eu profundo, numa espécie de jorro espiritual e espontâneo: os destinos dos santos brilham, resplandecem e não podem ser confundidos com aqueles do engenho, senão desde uma visão superficial. Comparando o gênio ao santo, Bernanos descobre no destino do gênio alguma coisa que resiste à luz, uma hipertrofia do espírito em prejuízo do coração e da caridade: "algo de hostil e de irredutível, e como que um princípio de esterilidade" (p. 51 e 53). Em quem estaria ele pensando? Ele não o dirá, mas podemos nos perguntar se a figura de Maurras não está em sua mente. Maurras, de uma inteligência brilhante, mas que defendia a religião católica sem a fé em Cristo. No mesmo momento em que ele compõe este São Domingos, o romancista concebe o personagem Cénabre, o herói de *A Impostura*, um mau padre, com o coração cheio de trevas, grande intelectual, inclusive, especialista em mística, que ousa escrever sobre a santidade como se a caridade não existisse, perversão satânica

---

[11] *Nouvelle Histoire de Mouchette*. La Palatine, Plon, 1937, ed. Gallimard (La Pléiade), 1970, nova edição, Gallimard, 2015, p. 449 (*Nova História de Mouchette*, trad. Pablo Simpson, São Paulo, É Realizações, 2011).

se garder. Pour lui la contrepartie inévitable, fatale, de l'œuvre du génie est un épuisement des réserves de l'âme qui se traduit par un égoïsme inhumain ». Rien de tel chez le saint.! Le parallèle s'achève sur une opposition destinée à mettre en lumière la supériorité absolue de ce dernier chez qui l'œuvre et la vie ne font qu'un », tandis que l'existence du génie témoigne contre son œuvre. Cette méditation se poursuit par des réflexions, habituelles à l'époque, sur l'attitude du moraliste comparée significativement à celles du biologiste et du chirurgien. La pensée de Bernanos se dégage du scientisme ambiant pour déterminer comment un moraliste doit analyser. Pour examiner la vie du saint, plus besoin de « scalpel » ; le regard est immédiatement ébloui, ramené à la source sans avoir dû la chercher, source ou trace vite perdue mais « retrouvée » La source se dérobe toujours. Se dessine alors, aux marges du texte, l'image rêveuse du nomade tout heureux et surpris, lui qui a coutume de disputer un peu d'eau boueuse au sable, de se trouver soudain confrontée à un « jaillissement glacé, le bondissement plein d'écume et d'azur ». L'écrivain puise lui-même aux sources poétiques du langage pour traduire l'originalité irréductible de toutes les vies de saints, mystiques et contemplatifs ou législateurs et conquérants. Il écarte toute méthode où permettant de comprendre toutes les vies de saints. Mots et images convergent pour nous dire que la sainteté est d'un autre ordre :

da qual Bernanos quer proteger-se. Para ele, a contrapartida inevitável, fatal, da obra do gênio é o esgotamento das reservas da alma, que se traduz por um egoísmo inumano. Nada disso se vê num santo! O paralelo conclui-se numa oposição destinada a trazer à luz a superioridade absoluta deste último, no qual a obra "é sua própria vida", enquanto a existência do gênio testemunha contra sua obra. Esta meditação continua com algumas reflexões, habituais à época, sobre a atitude do moralista, comparada significativamente àquelas do biólogo e do cirurgião. O pensamento de Bernanos retoma o cientificismo, ambiente para determinar como um moralista deve analisar. Para examinar a vida de um santo, não há necessidade de "bisturi"; o olhar torna-se imediatamente deslumbrado, levado à fonte sem precisar tê-la buscado, fonte ou vestígio rapidamente perdido, mas "reencontrado". A fonte sempre se esconde. Desenha-se, então, às margens do texto, a imagem onírica do nômade completamente feliz e surpreso, ele, que está acostumado a disputar "na terra (...) um estreito filete de água turva" (p. 55), de encontrar-se, de repente, confrontado com um "frescor borbulhante, o saltitar cheio de espuma e de azul" (p. 55). Bernanos mergulha por conta própria nas fontes poéticas da linguagem para traduzir a originalidade irredutível de toda a vida dos santos, místicos e contemplativos, ou legisladores e conquistadores. Ele descarta todo método que se proponha a compreender toda a vida dos santos. Palavras e imagens convergem a fim de nos dizer que a santidade é algo de outra ordem:

La sainteté n'a pas de formules, ou pour mieux dire, elle les a toutes. Elle rassemble et exalte toutes les puissances, elle réalise la concentration horizontale des plus hautes facultés de l'homme (p. 4) .

Dès lors Bernanos ne s'applique pas à reconstituer pas à pas cette vie mais s'efforce de se conformer au rythme « singulier » de cette existence, « à son immense élan » Tout son récit est orienté par la conviction que la vie d'un saint s'apparente à une œuvre d'art surnaturelle dont la grâce est le principe et l'origine. La sainteté puise aux sources mêmes d'une nature d'avant le péché originel ; elle vérifie que le surnaturel, loin de s'opposer à la nature, en est le sommet. Aussi l'écrivain fait-il appel à la poésie et au sublime pour tenter de la comprendre, lui qui voit en elle un chef d'œuvre divin dont il ne peut rendre compte qu'en se faisant poète pour pénétrer et traduire « ce poème sublime de la charité ». Selon l'écrivain, l'œuvre de fondation de Dominique est la traduction dans le réel de sa charité « réalisée dans 'l'espace et dans le temps. » Sa vie, comme toutes les vies de saints, obéit donc là un rythme qui la soustrait à la pesanteur du temps ; elle est une « succession sans répétition ».

La méditation initiale s'arrête sur la différence incommensurable entre un tel récit et le récit historique qui prend en charge le destin passionné de grands hommes tels que César afin d'éclairer indirectement des vies plus communes aux passions plus ordinaires, à supposer que tel soit le but de l'Histoire que Bernanos conçoit,

A santidade não tem fórmulas, ou melhor dizendo, possui todas. Ela reúne e eleva todas as potências; realiza a concentração horizontal das mais altas faculdades do homem. (p. 55)

A partir de então, Bernanos dedica-se não a reconstituir passo a passo essa vida, mas se esforça em conformar-se ao ritmo "singular" dessa existência, ao seu "imenso élan" (p. 55). Toda sua narrativa é orientada pela convicção de que a vida de um santo aparenta-se a uma obra de arte sobrenatural, da qual a graça é o princípio e a origem. A santidade deita suas raízes nas fontes de uma natureza anterior ao pecado original; ela demonstra que o sobrenatural, longe de se opor à natureza, é seu ponto mais alto. O escritor também apela à poesia e ao sublime para tentar compreender a santidade; a qual vê como uma obra de arte divina, da qual não se pode dar conta senão fazendo-se poeta, para penetrar e traduzir o "poema de sua caridade" (p. 61). Segundo Bernanos, a obra de fundação de Domingos é a tradução do real de sua caridade, "realizada no espaço e no tempo" (p. 57). Sua vida, como toda vida de santo, obedece a um ritmo que a subtrai da gravidade do tempo; ela é uma "sucessão sem repetições" (p. 73).

A meditação inicial demora-se na diferença incomensurável entre tal narrativa e as narrativas históricas que se ocupam do destino apaixonado de grandes homens, como César, a fim de esclarecer, indiretamente, as vidas mais comuns diante das paixões mais ordinárias, supondo que esta seja a intenção da história que

à l'évidence, en moraliste. Il achève ce préambule sur une mise en garde révélatrice de son dessein : Si l'historien s'en tient à une rigoureuse exactitude des faits, il nous apprendra peu de chose sur l'existence d'un saint. » Tout est dit, surtout quand il ajoute qu'il y a plus et mieux à tirer de vieilles légendes volontiers symboliques que de récits historiques qui se veulent objectifs et impartiaux ». Selon lui « elles conviennent à l'ingénuité même des vies de saints car « chaque vie de saint est comme une nouvelle floraison, l'effusion dans un monde rendu esclave du péché, esclave de ses morts- d'une miraculeuse, d'une ingénuité digne du paradis.» Son propos ne saurait être de reconstituer en historien une vie de saint mais de faire saisir au lecteur par des intuitions et la vertu de la poésie, un miracle digne du paradis.

Pour entrer dans la logique profonde de cette vie, Bernanos suit de près le plan chronologique de l'ouvrage du père Petitot mais il enjambe à grands pas les événements, les résume, se contente de souligner certains, de mettre en lumière leur sens et glisse sur bien d'autres.Inversement il est moins soucieux d'établir l'exactitude historique des faits, comme le fait ce dernier avec force nuances et discussions, que de nous faire revivre avec Dominique certains moments-clés de son existence. Ainsi en va-t-il de l'enfance du saint que Bernanos insère dans le monde sensible qu'il ressuscite par son imaginaire de romancier-poète. Nous voici plongés dans des paysages castillans lumineux et parfumés : « les rochers rouges

Bernanos concebe, evidentemente, como moralista. Ele termina este preâmbulo com uma advertência reveladora de seu propósito: "Se o historiador limitar-se a uma rigorosa exatidão, ele nos dirá pouca coisa sobre a existência de um santo" (p. 57). Sua intenção fica clara, sobretudo quando ele acrescenta que há mais e melhores coisas a tirar das velhas legendas, naturalmente simbólicas, que das narrativas históricas que se querem objetivas e imparciais. Segundo Bernanos, aquelas convêm à ingenuidade própria da vida dos santos, pois "cada vida de santo é como uma nova floração, a efusão em um mundo tornado, pela hereditariedade do pecado, escravo de cada morte – de uma milagrosa, de uma edênica ingenuidade" (p. 57). Sua intenção não era a de reconstituir a vida de um santo como historiador, mas de fazer o leitor penetrar, por meio de intuições e pela virtude da poesia, num milagre digno do paraíso.

Para entrar na lógica profunda desta vida, Bernanos segue de perto o plano cronológico da obra do padre Petitot, mas passa pelos eventos a passos largos, resume-os, contenta-se em sublinhar alguns, em trazer à luz seu sentido, e deixa de lado vários outros. De modo inverso, Bernanos está menos preocupado em estabelecer a exatidão histórica dos fatos, como o faz o padre Petitot, com fortes nuances e discussões; assim, Bernanos faz-nos reviver com Domingos alguns momentos-chave de sua existência. Desse modo, ele começa pela infância do santo, que o autor insere no mundo sensível, ressuscitado por seu imaginário de romancista-poeta. Eis que nos encontramos imersos nas paisagens de Castela, luminosas e perfumadas: os

» et les « bruyères roses », l'hysope et le romarin, avec des notes pittoresques : ces petits pourceaux noirs qui paissent tandis que s'élève à l'horizon la majestueuse Sierra de Guadarrama dont, à l'instar du père il fait résonner le nom tout en évoquant ses « contreforts sombres » : à l'horizon, l e Douro, le grand fleuve qui glisse....L'imaginaire chevaleresque de Bernanos se déploie dans l'évocation rapide des « longs manteaux blancs etdes »haubergeons dorés »dans les rixes. L'enfance qu'il prête à-Dominique est celle d'un fils de chevalier médiéval habitant un » torreon rectangulaire »,- il reproduit le mot espagnol, comme le fait son prédécesseur-, pour convoquer même de manière sonore ce monde de hobereaux où l'on guette sans cesse l'irruption brutale des troupes Maures toujours prêtes à emmener captifs les chrétiens qui tombent entre leurs mains. Il s'embarrasse peu des nuances et des précautions du père dominicain sur l'origine aristocratique de Dominique et s'en tire par une prétérition : «'il importe peu que Dominique appartînt ou non à l'illustre famille des Guzmans » En revanche il développe, à partir d'une phrase puisée dans le récit du père ce que fut pour ces castillans « la captivité chez les Maures, plus angoissante que la famine » et là où l'historien glisse, Bernanos s'appesantit sur l'imaginaire de l'époque, hanté par ces captifs, « vendus comme bétail, » devenus esclaves dans ces « cilles mystérieuses pleines de richesses inouïes et sous un ciel enchanté ». Le romancier n'est pas loin et ne rejoint son jeune personnage que

"rochedos vermelhos" (p. 59) e as "urzes rosadas" (p. 59), o hissopo e o alecrim, com notas pitorescas: os "pequenos porcos negros" (p. 59) que passam, enquanto se eleva no horizonte a majestosa Sierra de Guadarrama, em relação à qual, como Petitot, ele faz ressoar o nome evocando, ao mesmo tempo, seus "contrafortes sombrios" (p. 59): no horizonte, o Douro, o grande rio que corre... O imaginário cavaleiresco de Bernanos desdobra-se na rápida evocação dos "longos mantos brancos" (p. 59) e das "lorigas douradas" (p. 59) nas rixas. A infância que ele dá a Domingos é aquela de um filho de cavaleiro medieval, que habita um "*torréon* retangular" (p. 59); ele reproduz a palavra espanhola, como o fez seu predecessor – para evocar, até mesmo de modo sonoro, este mundo de escudeiros, no qual se assiste sem cessar à irrupção brutal das tropas mouras, sempre prontas a levar cativos os cristãos que caírem em suas mãos. Ele pouco se embaraça em relação às nuances e precauções do autor dominicano sobre a origem aristocrática de Domingos, e contorna o problema por meio de uma preterição: "pouco nos importa que Domingos pertença ou não à ilustre família dos Gusmão" (p. 57). Contudo, Bernanos desenvolve a partir de uma frase que se encontra na narrativa do padre Petitot o que foi para os castelhanos o cativeiro dos mouros: "mais angustiante que a fome" (p. 61). Lá onde o historiador se cala, Bernanos demora-se no imaginário da época, assombrado com esses cativos, "vendidos como gado" (p. 61), feitos escravos em "cidades misteriosas, cheias de riquezas inauditas e sob um céu encantador" (p. 61). O romancista

pour prêter à Dominique dès l'aube de sa vie, « une divine compassion » dans laquelle il croit distinguer le début du « poème de sa charité.» Toujours la poésie, inséparable de la sainteté !...

L'essai survole la prime jeunesse de Dominique, sa vie studieuse et obscure puisqu'elle se déroule à l'ombre de son oncle, l'archiprêtre de Gumiel . Plus tard le voici à Palencia, université célèbre déjà, qui deviendra, ce que note Bernanos à la suite du père Petitot, « l'illustre université de Salamanque ; le rythme du récit est rapide. Bernanos ne relève que les événements décisifs : l'étude de la théologie de vingt et un à trente-quatre ans, sa nomination comme prieur d'Ozma. Mais il souligne en revanche ce qui se joue dans les profondeurs de l'être et nous retrouvons là le romancier du surnaturel. Par une sorte de « miracle, » l'œuvre est en gestation en Dominique sans qu'il le sache encore. L'écrivain brosse alors pour la seconde fois un bref portrait du futur saint, conforme à celui qu'en donnait son prédécesseur mais il le nuance en joignant aux traits physiques d'un wisigoth : « les cheveux blonds, les yeux bleus », les marques d'un corps aristocratique : les « belles mains fines » et la voix forte et douce, »A cela s'ajoutent une civilité toute chevaleresque et une charité. qui se traduisent par une « urbanité tendre » Le texte de Bernanos s'ouvre alors au lyrisme pour relier cette personnalité à ce que sera l'ordre des prêcheurs « non point formé par un calcul abstrait mais dans la plénière effusion de la vie » Il est donc comparable à une création artistique mais garde aussi quelque chose de l'enfance

não está longe e não retorna ao seu jovem personagem senão para atribuir a Domingos, desde a aurora de sua vida, uma "divina compaixão" (p. 61), na qual ele crê distinguir o início do "poema de sua caridade" (p. 61). Sempre a poesia, inseparável da santidade!

O ensaio sobrevoa a primeira juventude de Domingos, sua vida estudiosa e obscura, vivida à sombra de seu tio, o arcipreste de Gumiel de Izán. Mais tarde, ei-lo em Palência, na já célebre universidade que se tornará, como nota Bernanos, na sequência de seu predecessor, "a ilustre Universidade de Salamanca" (p. 63); o ritmo da narrativa é rápido. Bernanos apresenta somente os eventos decisivos: os estudos de teologia, entre seus 21 e 34 anos de idade, sua nomeação como prior de Osma. Contudo, o autor sublinha o que ocorre nas profundezas do ser, e aqui encontramos o romancista do sobrenatural. Por uma sorte de "milagre", uma obra está em gestação em Domingos, sem que ele ainda o saiba. O escritor pinta um breve retrato do futuro santo, conforme aquele dado pelo padre Petitot, mas com nuances, acrescentando aos traços físicos do santo aqueles de um visigodo: "os cabelos louros, quase ruivos, os olhos azuis" (p. 59), e as marcas de um corpo aristocrático: "belas mãos" e uma "voz forte e mansa" (p. 65). A esses traços acrescentam-se uma civilidade cavaleiresca e a caridade, que se traduzem numa "terna urbanidade" (p. 65). O texto de Bernanos abre-se ao lirismo, para ligar esta personalidade àquilo que será a Ordem dos Pregadores, "de modo algum formada por um cálculo abstrato, mas na plena efusão da vida" (p. 65). Ela é, pois, comparável a uma criação artística, mas traz

telle que la conçoit Bernanos : »ici tout est frais, tout est pur, tout est neuf, tout s'efforce vers le haut, comme l'universelle ascension de l'aube »On reconnaît le motif très bernanosien du véritable esprit d'enfance de celui qui a su préserver en lui la pureté et la simplicité de l'être à l'aube de la vie. Dès lors l'auteur multiplie les anaphores pour faire saisir l'originalité de l'ordre qui va être fondé : « cette grande avidité de la science et ce grand désir de l'instaurer dans le christ »..On décèle dans ce premier trait la crainte que manifestera Bernanos dans *L'Imposture* de voir se développer une science découronnée de la charité :

C'est l'ordre des Prêcheurs, cette impatience sacrée qui dans la petite cellule aux pieds du crucifix, fait rugir saint Dominique » ;

Sur ce point Bernanos se fie aux témoignages que rapporte son prédécesseur.

C'est l'ordre des Prêcheurs et cette fois le cri de charité de Dominique dévoré par la compassion pour les pauvres et Dominique qui vend. Ses livres en s'écriant : » Comment pouvez-vous étudier sur des peaux mortes, alors que vos frères meurent de faim. »

Enfin, voici la suprême anaphore qui orchestre la vocation exceptionnelle de saint Dominique, hanté par la » sublime inquiétude

também algo da infância, tal como Bernanos a concebe: "Aqui tudo é puro, tudo é novo, tudo tende para o alto, como a universal ascensão da aurora" (p. 65). Aqui reconhecemos o motivo tão bernanosiano do verdadeiro espírito de infância daquele que soube preservar em si a pureza e a simplicidade do ser da aurora da vida. Desde então, o autor multiplica as anáforas, para fazer compreender a originalidade da ordem que será fundada: "essa grande avidez por ciência e ainda esse grande desejo de instaurá-la em Cristo" (p. 65). Entrevemos nesse primeiro traço o medo de ver desenvolver-se uma ciência sem a coroa da caridade, que Bernanos manifestará em *A Impostura*:

> *É a Ordem dos Pregadores, essa impaciência sagrada que, em sua pequena célula, aos pés do crucifixo, fazia Domingos rugir como um leão.* (p. 65)

Sobre esse ponto, Bernanos fia-se às testemunhas que relata seu predecessor:

> *É a Ordem dos Pregadores, o grito do apóstolo que, em tempos de fome, vende o que ele possui de mais caro, seus livros: "Como podeis estudar em peles mortas, enquanto vossos irmãos morrem de fome?!".* (p. 65)

Eis, enfim, a anáfora maior, aquela que orquestra a vocação excepcional de São Domingos, apressado pela "sublime inquietude" (p. 65) em sua busca vã por uma regra à sua medida, ele que "ao olhar de Deus e de seus anjos" é "novo, especialmente criado, único" (p. 65).

» dans sa quête encore vaine d'une règle à sa mesure « mais qui se distingue aux yeux de Dieu « nouveau, exprès créé, unique.» Telle est sa singularité sur laquelle insiste l'écrivain. Il est en quelque sorte « prédestiné » : non qu'il soit privé de liberté mais Il fait l'objet d'un projet divin qu'il exauce.

Cette mystérieuse « prédestination » va se manifester par un signe du destin mais celui-ci ne se révèle qu'à un être capable comme Dominique d'une « entière liberté intérieure, ce qui lui permet d'être totalement disponible et le voici à la demande du roi sur les routes du Danemark en compagnie de Diego de Azevedo pour négocier la main d'une princesse de ce pays. » Bernanos se garde bien de s'attarder sur la chronique de ce long voyage. II imagine plutôt l'angoisse et la révolte de Dominique découvrant au fil des routes la détresse de l'Eglise de l'époque telle que l'écrivain l'a souvent évoquée[12] : les moines retranchés dans leur couvent, les évêques qui s'égarent dans des procès et des chicanes, le petit clergé maintenu dans l'ignorance tandis que le peuple découvre le progrès matériel et une vie plus facile, l'indigence des prédications faute de prédicateurs informés, la Papauté assiégée, submergée, et pour couronner le tout, l'invasion d'hérétiques venus d'Orient pour répandre le manichéisme. Voilà nos deux voyageurs soulevés soudain d'un authentique enthousiasme qui

---

[12] Nous renvoyons à son bel essai sur Luther, dont l'écriture date probablement de 1938-39 mais publié lus tardivement ; Voir notre article : « Bernanos et Luther ».

Tal é a singularidade sobre a qual insiste o escritor. Domingos é, de algum modo, predestinado: não que ele seja privado de liberdade, mas ele faz parte de um projeto divino, ao qual se abre.

Essa misteriosa predestinação vai manifestar-se por meio de um sinal do destino, mas este não pode revelar-se senão a um ser capaz de uma grande liberdade interior, como Domingos: "E é então que um primeiro sinal, quase obscuro, de repente lhe é dado. O rei de Castela envia Diego de Azevedo e Domingos à Dinamarca, para negociar o casamento de seu filho com uma princesa desse país" (p. 67). Bernanos toma o cuidado de não demorar-se muito na crônica dessa longa viagem. Em vez disso, ele imagina a angústia e a revolta de Domingos ao descobrir, ao longo das rotas, o sofrimento da Igreja da época, como o próprio Bernanos tantas vezes evocou[12]: "os monges entrincheirados em seus conventos, os bispos inertes ou suspeitos, perdidos em processos e chicanas, o clero fixo numa ignorância abjeta, em meio a um povo cada dia mais refinado, com o progresso material e as crescentes facilidades" (p. 67), a indigência das pregações, por falta de pregadores bem preparados, o papado sitiado, submerso, e, para coroar tudo isso, a invasão de hereges que vinham do Oriente, a propagar o maniqueísmo. Eis nossos dois viajantes tomados, repentinamente, por um autêntico entusiasmo, que os faz precipitarem-se diretamente a Roma – e

---

[12] Reportamo-nos a seu belo ensaio sobre Lutero, *Frère Martin* (1943?), publicado na Revista *Esprit* (out. 1951), iniciado, provavelmente, em 1938 ou 1939, mas concluído no Brasil, em 1943. Ver *Escrits de Combat* II, Paris, Gallimard, 1995, p. 909.

se précipitent directement à Rome et nous reconnaissons encore la vision de. Bernanos qui -décèle dans leur résolution la résurgence des « grands rêves de l'enfance, »tant l'enfance et la sainteté se ressemblent. (p9). Ils expriment au Pape Innocent III leur désir d'aller évangéliser les « Cumans, » païens barbares des confins du Nord de l'Europe ; mais le saint Père les renvoie chez eux .Et les voilà sur le chemin du retour, le cœur peut-être pleine d'amertume. Le texte est alors ponctué par la méditation très personnelle de Bernanos, grand lecteur de de Barbey d'Aurevilly, sur cette heure du désespoir qui sonne toujours à un moment pour les grandes âmes : « Chaque homme prédestiné ,au moins une fois dans sa vie, a cru couler à pic, toucher le fond » et le discours narratif qui suit résonne comme une confidence bien proche de certaines confidences de l'écrivain: L'illusion que tout nous manque à la fois, ce sentiment de complète dépossession est le signe divin qu'au contraire tout commence. » (p.9) Le pays cathare est ainsi vite traversé dans ce récit qui n'en retient que quelques images frappantes :

> (...) *ces Parfaits cathares, pieds nus, tête nue, la chevelure encore pleine de la dernière averse et les mères à genoux venaient lui présenter les petits enfants... Ils atteignirent ainsi, près de Montpellier, Castelnau.*

Les grands seigneurs et certains évêques prévoient « d'étouffer dans le sang » la rébellion mais Dominique et son compagnon, selon Bernanos, suggèrent seulement.de répondre par une pauvreté

reconhecemos, ainda, a visão de Bernanos, que entrevê na resolução deles o ressurgimento dos "grandes sonhos da infância" (p. 69). Eles exprimem ao papa Inocêncio III o desejo de ir evangelizar os Cumanos, pagãos bárbaros, dos confins do Norte da Europa; mas o Santo Padre os manda de volta para casa. O texto é, então, pontuado pela meditação muito pessoal de Bernanos, grande leitor de Barbey d'Aurevilly, sobre esta hora do desespero, que sempre soa nalgum momento na vida das grandes almas: "Todo homem predestinado, ao menos uma vez na vida, creu estar naufragando, já sem mais esperanças" (p. 69). O discurso narrativo que se segue ressoa como uma confidência, muito próxima àquelas do escritor: "A ilusão de que tudo nos pode faltar ao mesmo tempo, esse sentimento de estar completamente despossuído é o sinal divino de que, pelo contrário, tudo está para começar" (p. 69).

A região cátara é, então, rapidamente atravessada nesta narrativa, que nos oferece apenas algumas imagens impressionantes:

> *E quando a poeira baixava, via-se amiúde algum desses cátaros, chamados perfeitos, com os pés descalços, a cabeça descoberta, a cabeleira ainda molhada do último aguaceiro, sórdido e severo sob seu burel; e as mães, de joelhos, vinham apresentar-lhe seus filhinhos... Eles chegavam, assim, perto de Montpellier, de Castelnau (p. 71).*

Os grandes senhores e alguns bispos planejavam sufocar no sangue (ver p. 71) a rebelião, mas Domingos e seu companheiro, segundo Bernanos, sugerem responder aos hereges simplesmente por uma vida de

totale, en se séparant des écuyers, mules et chevaux et en se rendant à pied, à la grâce de Dieu sur les routes, en mendiant le pain de chaque jour.» (p.10) Comment Bernanos ne sentirait-il pas proche de Dominique, lui qui défendra toujours le choix de la pauvreté et de l'abandon à la grâce de Dieu ! Sans nul doute le fondateur de l'ordre des Prêcheurs dut proposer cette conduite qui fut à coup sûr la sienne; mais Bernanos veut voir un signe divin dans cette manière évangélique de « jeter dans la mêlée le prêcheurs et les mendiants. », Il conjoint ici la spiritualité révolutionnaire de saint Dominique et celle de saint François pour en déduire que le sacrifice de ces saints seul rendit possible le consentement de Rome à cette révolution spirituelle. Il interprète plus qu'il ne raconte et sélectionne, ne retenant que la dimension providentielle des événements et des décisions.

Sa méditation se poursuit sur le tournant décisif d'une vie de saint. Même si Dominique ne le sait pas encore, l'œuvre est parvenue en lui à maturation par l'action souterraine de l'Esprit saint, vivifié par L'esprit qui a atteint son plus haut point d'excellence »(p.11) parce que Dominique comme tous les vrais saints, est docile à l'Esprit et disponible. Il se porte au cœur de la bataille contre l'hérésie mais s'y distingue par la controverse inlassable, savante et passionnée sans vouloir y prendre part militairement, ni se mêler de politique, Bernanos peint un saint Dominique qui lui ressemble puisqu'il se « porte toujours en avant », comme lui-même a toujours voulu le faire. C'est ainsi que Dominique fonde son premier

pobreza total: "despachar imediatamente os escudeiros, os cavalos e as mulas, despojar-se das ricas vestimentas e irem a pé pelas estradas, com a graça de Deus, mendigando o pão de cada dia" (p. 71). Como Bernanos sentia-se próximo a Domingos, ele sempre defenderá a escolha pela pobreza e o abandono à graça de Deus! Sem dúvida, o fundador da Ordem dos Pregadores deve ter proposto essa conduta que foi, certamente, a sua. Mas Bernanos quer ver um sinal divino nesta maneira evangélica de "jogar na briga os pregadores e os mendicantes" (p. 73). Ele conjuga aqui a espiritualidade revolucionária de São Domingos àquela de São Francisco, para deduzir que somente o sacrifício desses santos tornou possível o consentimento de Roma a essa revolução espiritual. Bernanos mais interpreta que conta e seleciona fatos, apresentando somente a dimensão providencial dos eventos e das decisões.

A meditação continua discorrendo sobre a virada decisiva da vida de Domingos. Mesmo que ele ainda não o saiba, a obra chegou nele à sua maturidade, pela ação do Espírito Santo: "é o ser vivificado pelo Espírito que atingiu desde então seu mais alto ponto de excelência" (p. 73). Isso porque São Domingos, como todos os verdadeiros santos, é dócil ao Espírito e disponível. Ele dirige-se ao coração da batalha contra a heresia, mas aí distingue-se como controversista incansável, erudito e apaixonado, sem querer tomar parte militarmente do combate, nem nele se envolver politicamente. Bernanos pinta um São Domingos que se lhe assemelha, porque sempre está à frente, como ele mesmo sempre quis estar. É assim que Domingos funda seu primeiro convento – Prouilhe, em Fanjeaux –

couvent de Prouille, à Fanjeaux « au milieu d'un peuple fanatique, « en plein cœur de la rébellion cathare. Mais l'écrivain passe sous silence l'amitié de Dominique pour Simon de Montfort. Pour sauver la chrétienté, Le pape en a appelé à tous les souverains : roi de France, duc de Bourgogne, comte te Champagne ; nul doute que le roi de France y trouve son compte mais Bernanos n'en souffle mot pas plus que des massacres qui suivirent les victoires de Béziers ou de Carcassonne? il se contente d'anticiper et de conclure sobrement : « Dix-huit mois plus tard Béziers tombait, puis Carcassonne. Doit-on parler de partialité ? Il ne s'intéresse qu'aux fondations et à l'incroyable patience de Dominique qui au bout de dix ans, n'a encore que six compagnons ; les engagera-t-il dans la lutte contre l'hérésie ? Non, il les introduit à Toulouse auprès de Stavensby, grand maître de théologie pour s'y faire instruire. Si la vie de Dominique a paru piétiner jusqu'alors, elle obéit désormais au rythme insolite et syncopé d'une vie de saint : tout s'accélère, les fondations se succèdent. Le récit de Bernanos accumule les dates, précise les chiffres des nouveaux frères. En voici trente que Dominique disperse au lieu de les regrouper, non sans hardiesse : « le grain pourrit quand on l'entasse et fructifie quand on le sème » dit Dominique dont Bernanos ne manque pas de consigner les paroles célèbres où se peint n la sagesse du futur saint.Il envoie des Frères s'établir à Lyon tandis i qu'il passe à Ségovie en Espagne o il fonde le couvent de Santa-Cruz à Lyon , il est si prompt que selon

"em meio a um povo fanático" (p. 77), no coração da rebelião cátara. Mas o escritor passa em silêncio pela amizade entre Domingos e Simão de Montfort, em relação ao qual se contenta em assinalar a "morte desastrosa" (p. 81), que marcará a metamorfose da cruzada em guerra de conquista, além de sua ruína, como escreve.

Para salvar a cristandade, o papa conclamou todos os soberanos: o rei da França, o duque de Borgonha, o conde de Champagne; não há dúvida de que o rei da França toma parte, mas Bernanos apenas falará dos massacres que se seguiram às vitórias de Béziers ou de Carcassonne. Ele contenta-se em antecipar e concluir sobriamente: "Dezoito meses mais tarde, caía Béziers, depois, Carcassonne" (p. 77). Devemos falar de parcialidade? Ele se interessa somente pelas fundações e pela inacreditável paciência de Domingos, que ao final de dez anos não possui mais que seis companheiros; ele engajará todos eles na luta contra a heresia? Não. Ele os leva a Toulouse, junto a Stavensby, grande mestre em Teologia, para lá se instruírem.

Se a vida de Domingos pareceu não progredir muito até agora, ela obedecerá doravante ao ritmo insólito e sincopado da vida de um santo: tudo se acelera, as fundações se sucedem. A narrativa de Bernanos acumula as datas, precisa os números dos novos frades. E eis que Domingos os dispersa – "sete em Paris, quatro em Madri" (p. 81) – ao invés de reagrupá-los, não sem audácia: "o grão apodrece quando amontoado, e frutifica quando semeado" (p. 81), diz Domingos, do qual Bernanos não deixa de consignar as célebres palavras, onde se mostra a sabedoria do futuro santo. Ele envia seus

Bernanos, il « s'envole à Paris,» ,curieuse expression bien moderne pour signifier l'incroyable dynamisme de Dominique qui fonde, coup sur coup Reims, Metz, Orléans ,Potiers, Limoges.» Puis toujours à pied, i regagne L'Italie et son fameux couvent de Bologne. Ce grand fondateur se révèle de la race des conquérants mais pour fonder des couvents de Prêcheurs, même en Europe centrale : en Pologne, et du côté des monts Carpathes, un ordre puissant est ainsi institué Partout les Frères prêchent contre l'hérésie mais aussi, comme le fit du reste Dominique -mais cela, Bernanos ne le rappelle pas, en recherchent les promoteurs et les livrent au bras séculier de l'inquisition. L'écrivain ne mentionne pas les liens révélés par le père Petitot, de Dominique avec l'inquisition. Mais sans doute ne veut -il pas entrer dans les polémiques sur ce point ; il préfère insister sur la décision évangélique et révolutionnaire de Dominique, lors du premier chapitre, celle d'abandonner tous les biens déjà acquis et de faire contracter alliance avec ' »la Très Sainte pauvreté» Il insère dans la règle défense d'aller à cheval et de s'embarrasser d'argent. »

Enfin Bernanos consacre proportionnellement beaucoup de pages à l'agonie de Dominique. Ne se flattera-t-il pas plus tard, non sans humour, de « réussir les agonies » ?Cependant « Dieu a« préparé la morten lui » selon l'expression significative de Bernanos qui révèle sa vision mystique. Déjà elle « brille dans son cœur » ; Après un silence que traduit un blanc dans le texte, Bernanos nous fait pénétrer avec frère Dominique dans son agonie' où il se jette « comme

frades para se estabelecerem em Lyon, enquanto passa por Segóvia, na Espanha, onde funda o Convento da Santa Cruz, depois prontamente, segundo Bernanos, "dirige-se rapidamente a Paris" (p. 83), curiosa expressão, bem moderna, que busca significar o incrível dinamismo de Domingos, que funda, um após outro, os conventos de Reims, Metz, Orléans, Poitiers, Limoges. Sempre a pé, ele volta para a Itália, para o famoso Convento de Bolonha. Esse grande fundador revela ser da raça dos conquistadores, mas para fundar conventos de frades pregadores, mesmo na Europa Central: na Polônia, e ao lado dos Montes Cárpatos. Uma ordem poderosa é assim instituída. Em toda parte, os frades pregam contra a heresia, combatendo-a pela força de suas controvérsias teológicas, como o fez Domingos. O escritor não deu espaço às ligações, reveladas pelo padre Petitot, entre Domingos e a Inquisição, fundada dez anos após a morte do santo, mas para com uma justiça inquisitorial, que já funcionava, que se contentava em infligir pesadas penitências canônicas. Bernanos, sem dúvida, preocupado em evitar erros e confusões, não entrará em tais polêmicas. Ele prefere insistir sobre a decisão evangélica e revolucionária de Domingos, no momento do primeiro Capítulo Geral da Ordem, de abandonar todos os bens já adquiridos e de fazer contrair aliança com a "Mui Santa Pobreza" (p. 85). Ele insere na constituição "a proibição de andar a cavalo e de preocupar-se com dinheiro" (p. 87).

Por fim, o autor consagra proporcionalmente muitas páginas à agonia de Domingos. Bernanos não se felicitará, mais tarde, não sem

dans un gouffre de lumière et de suavité, »oxymore où l'on reconnaît la vision poétique de l'écrivain ; il reprendra la même figure pour décrire les extases de Chantal de Clergerie. A la fin de son récit, Bernanos convoque à nouveau «la Source de clarté perdue, tout à coup retrouvée sous les ruines du monde antique ». Dominique en fut l'artisan, qui, sous la plume de notre auteur, devient une espèce de héros épique du siècle qu'il a « redressé, maintenu frémissant dans la gerbe de lumière. »

Lui qu'on a pris pour un fanatique, le voici à terre sur. Un simple sac. Il ne manifeste que douceur à l'égard de ceux qui lui ont leur haine « car eur haine n'est rien ; » et là encore, nous retrouvons la grande idée de Berabos selon laquelle le mal n' est rien, il est néant qui s'abîmera dans la lumière de Dieu. En contrepoint il évoque le g . Mais ses frèers rappellent ses pénitences ran le sac par terre sur lequel est couché le saint . Sa mort est présentée aussi comme « la suprême effusion de. La vie » Elle est aussi don. De soi. Dominique a sauvé la chrétienté des Cathare et même de l'islam. Il peut seulement se reprocher d'avoir trop aimé et servi « la grande renaissance intellectuelle » par goût de la science, ce qui sera plutôt un titre de gloire. Ses frères, eux, se remémorent ses pénitences, « la chaine de fer dont il se flagellait chaque nujt avec un puissant râle » que tous entendaient, et qui, pour les lecteurs de Bernanos, ne peut manquer de rappeler Donissan, le prêtre, héros de *Sous le Soleil de Satan* qui ,lui aussi, comme Dominique, se morigénait violemment

humor, de "ter sucesso nas agonias"? O escritor fala da "humilde morte que Deus nele (a Domingos) prepara" (p. 87), numa expressão significativa, que revela a visão mística de Domingos; ela "já brilha suavemente em seu coração" (p. 87); após o silêncio, que se traduz em um branco em seu texto, Bernanos nos faz penetrar, com frei Domingos, em sua agonia, na qual ele se joga "como em um abismo de luz e de suavidade" (p. 87), oximoro no qual reconhecemos a visão poética de Bernanos; ele retomará a mesma figura para descrever os êxtases de Chantal de Clergerie. No final de sua narrativa, ele convoca, novamente, "a perda de uma fonte de claridade, repentinamente reencontrada sob as ruínas do mundo antigo" (p. 89). Domingos foi o artesão que, sob a pena de nosso autor, tornou-se uma espécie de herói épico do século que ele "soergueu (...), e manteve "a vibrar no buquê de luz" (p. 89).

Aquele que alguns tomaram por um carrasco, ei-lo no chão, sobre um simples saco. Ele manifesta somente mansidão para com aqueles que lhe dirigiram seu ódio, "pois seu ódio, de fato, não tem consistência" (p. 89). Aqui, encontramos, ainda, uma grande ideia de Bernanos, segundo a qual o mal nada é, ele é este nada que será destruído na luz de Deus.

Os irmãos de Domingos recordam as penitências dele. Sua morte é apresentada como uma plena efusão de vida. Ela também é dom de si. Se dermos crédito a Bernanos, Domingos salvou a cristandade dos cátaros e mesmo do Islã, o que é possivelmente exagerado. Ele pode somente reprovar-se por ter amado em demasia e servido o "primeiro renascimento intelectual" (p. 89), pelo gosto pela ciência

et priait pour les damnés L'ultime confession , juste avant la mort jette une lueur d'ingénuité qui adoucit la scène d'agonie Dominique en effet s'accuse « d'avoir toujours préféré à celle des vieilles personnes la conversation des jeunes femmes, », comme si place était ainsi rendue au désir. Le mot de la fin que Bernanos emprunte à une vision de Catherine de. Sienne » ajoute encore une suprême note de fraîcheur et de douceur : « La religion de mon fils Dominique est un délicieux jardin, joyeux et parfumé.« Conclusion à vrai dire inattendue pour une vie si mouvementée dans une époque si tourmentée. Mais c'est sur cette note de sérénité joyeuse et d'aveu ingénu que l'écrivain a voulu s'arrêter comme si telle était à ses yeux la leçon exemplaire de cette vie de saint au rythme tellement inégal si syncopé qu'elle ne peut être lue ni comprise que si on y déchiffre la grâce, la trace de l'Esprit « qui souffle où il veut et quand il veut » avec cette liberté qu'affectionne l'écrivain

Ainsi Bernanos révèle mais aussi recrée un saint avec lequel il a des affinités personnelles et spirituelles, un saint selon son cœur : un conquérant mais aussi un doux, docile à la grâce, homme du Moyen Âge certes, mais qui a chéri le dédain des biens de ce monde et la science pour mieux servir Dieu.. IL le fait avec la conviction qui anime son texte et son style, que la vie de saint est une œuvre d'art surnaturelle dont la poésie seule peut vraiment traduire la singularité. Est-ce son admiration pour cette spiritualité qui se manifeste lorsqu' en 1937, il confie aux Dominicains son « journal de guerre pour

– ou antes será isso um título de glória? Seus irmãos rememoram suas penitências: "a correia de ferro com a qual ele se flagelava todas as noites, com grandes gemidos ofegantes" (p. 91), que todos ouviam e que, para os leitores de Bernanos, recordam Donissan, um padre, herói de *Sob o Sol de Satã*, que assim como Domingos, batia-se violentamente e orava pelos danados.

A última confissão de Domingos lança um brilho de ingenuidade que suaviza a cena da agonia. Domingos, efetivamente, acusa-se "de ter sempre preferido a conversação das jovens àquela das pessoas idosas" (p. 93), como se tivesse dado lugar ao desejo.

As palavras finais, que Bernanos empresta de uma visão de Catarina de Sena, acrescenta uma grande nota de frescor e de suavidade: "A religião de meu filho Domingos é um aprazível jardim, imenso, alegre e perfumado" (p. 93). Conclusão, na verdade, inesperada, para uma vida tão movimentada, numa época tão cheia de tormentos. Mas é sobre essa nota paradisíaca de alegre serenidade e de confissão ingênua que o escritor quis parar, como se tal fosse a seus olhos a lição exemplar dessa vida de santo, com ritmo bastante desigual, tão sincopada que não pode ser lida ou compreendida a não ser que nela deciframos a graça, o traço do Espírito que "sopra onde quer" (Evangelho segundo João 3,8), com esta liberdade que lhe é tão cara.

Assim, Bernanos revela, mas também recria, um santo com o qual ele tem afinidades pessoais e espirituais, um santo segundo seu coração: um conquistador, mas também um homem manso, dócil à graça; homem da Idade Média, certamente, mas que cultivou tanto o desdém

leur revue *Sept* où parurent les pages de son futur essai : *Les Grands Cimetières sous la lune*. Sa grande affection à la fois paternelle et fraternelle pour le père Bruckberger-« le cher Père Bruck« – pendant les dix dernières années de sa vie, obscurcie, il est vrai dans les derniers mois par ce que nous pensons avoir été un tragique malentendu[13], y prend sans doute sa source.

Monique Gosselin-Noat

Professeur émérite des Universités (Paris).

[13] Voir sur ce point délicat et controversé, notre notice pour *Dialogues des carmélites*, édition Albert Béguin, La Baconnière, Seuil 1953, édité suivant cette édition par Michel Estève, Galimard, 1970 Nouvelle édition d'après les Cahiers manuscrits, Gallimard, Pléiade, 2015. Sur les rapports complexes avec le père Bruckberger qu'il avait chargé de faire publier ce texte en 1948, voir, p. 1179. Bernanos ne put hélas ! éclaircir les faits et mourut sans se réconcilier avec son cher Bruck.

pelos bens deste mundo quanto a ciência, a fim de melhor servir a Deus. Ele o fez com a convicção que anima seu texto e seu estilo, pois a vida de um santo é uma obra de arte sobrenatural, cuja singularidade só pode ser verdadeiramente traduzida pela poesia. Seria sua admiração por essa espiritualidade que se manifesta em 1937, quando ele confia aos dominicanos seu "diário de guerra", para a *Revista Sept*, pertencente a esses religiosos, na qual foram publicadas as páginas de seu futuro ensaio: *Les Grands Cimetières sous la Lune* (Os Grandes Cemitérios sob a Lua)? Tal é, também, sem dúvida, a fonte de sua grande afeição, ao mesmo tempo paternal e fraterna pelo padre Bruckberger, "o caro padre Bruck", durante os dez últimos anos de sua vida, obscurecida, de fato, nos últimos meses, por aquilo que pensamos ter sido um trágico mal-entendido,[13] que uma morte tão rápida não permitiu que fosse dissipado.

Monique Gosselin-Noat

Professora Emérita da Universidade Paris-Nanterre

---

[13] Sobre este ponto delicado e controverso, ver nossa nota para *Diálogos das Carmelitas* (*Dialogues des carmélites*), ed. Albert Béguin, La Baconnière, Paris, Seuil, 1953, editado, em seguida, por Michel Estève (Gallimard, 1970); nova edição, de acordo com os cadernos manuscritos: Gallimard (Pléiade), 2015. Sobre as relações complexas com o Padre Raymond-Léopold Bruckberger, que Bernanos incumbira de publicar este texto, em 1948, ver a p. 1179. Bernanos, infelizmente, não pôde esclarecer os fatos e morreu sem se reconciliar com seu caro Bruck.

Saint Dominique

São Domingos

Si l'on interroge pour la première fois la vie d'un de ces Saints, et particuliérement d'un de ces Saints fondateurs d'ordres, les voix qui en sortent paraissent d'abord innombrables et diverses au poinl de troubler l'espirit. L'espèce de vertige ne fera que croitre si vous vous appliquez à suivre pas à pas l'ordre des faits, car ici leur succession n'apprend rien ou peu de chose. Ces grandes destinées échappent, plus que toutes les autres, à n'importe quel déterminisme: elles rayonnent, elles resplendissent d'une éclalante liberté.

Au premier examen, le seul génie semble donner à certaines vies exceptionnelles ce même caractère d'indépendance, de spontanéité souveraine. Il n'en est rien pourtant. On pourrait soutenir au contraire – et par quels ilustres exemples! – que le génie a toujours en soi quelque chose d'hostile et d'irréduetible, et comme un principe

Se nos debruçarmos pela primeira vez sobre uma dessas vidas de santos, particularmente de um desses santos fundadores de ordens, as vozes que saem de lá parecem, antes de tudo, numerosas e diversas, a ponto de perturbar o espírito. Essa espécie de vertigem só aumentará se você fizer o esforço de seguir passo a passo a ordem dos fatos, pois, nesse caso, sua simples sucessão esclarece pouca coisa ou não traz nada de novo. Esses grandes destinados escapam, mais que todos os outros, a qualquer determinismo: eles brilham e resplandecem em extraordinária liberdade.

À primeira vista, somente a genialidade parece dar a certas vidas excepcionais esse mesmo caráter de independência, de espontaneidade soberana. Contudo, não é assim. Poderíamos defender o contrário – e com que ilustres exemplos! – que o gênio traz sempre em si algo de hostil e de irredutível, e como que um princípio de

de stérilité. S'il réalise cctte merveille d'inspiration el d'équilibre qu'est l'oeuvre d'art achevée, e'est le plus souvent, et quand la divine charité n'y collabore, par une espèce de spécialisation monstrueuse qui épuise toutes les puissances de l'âme et la laisse dévorée d'orgueil dans un égoïsme inhumain. L'homme de génie est si peu dans son oeuvre, qu'elle est presque toujours contre lui un témoignage impitoyable. Au lieu que l'oeuvre du Saint est sa vie même, et il est tout entire dans sa vie.

La difficulté n'est point vaincue pour autant: à ce point de la méditation, elle apparait, au contraire, presque insoluble. L'expérience des hommes nous enseigne à pénétrer assez avant dans leurs intentions par la seule comparaison – déjà trop cruelle – du public et du privé. Pas d'attitude, si bien et si patiemment gardée qui ne porte em ele sa propre contradiction, pas de mensonge si compact qui n'ait sa brèche, ou du moins no puisse être pris à revers. Comme le chirurgien apprend la vie sur lc mort, comme le biologiste analyse les déchets organiques pour tâcher d'y surprendre le secret des échanges et des fonctions, le moraliste sait qu'il a devant lui ce personnage d'artifice et de fraude, ce cadavre camouflé dont nous sommes nous-mêmes dupes aussi solvente qu'autrui, jusqu'à ce que le premier regard du juge, au delà de la mort, le fasse voler em éclats. Mais le Saint est devant nous ce qu'il sera devant le juge. Nous touchons là, d'un regard ébloui, non pas (comme on voudrait le faire croire) une vie diminuée, ou la mortification retranche sans

esterilidade. Se ele realiza a maravilha da inspiração e do equilíbrio que é a obra de arte acabada, na maioria das vezes, sobretudo quando a divina caridade nela não colabora, é por uma espécie de especialização monstruosa, que extenua todas as potências da alma, deixando-a devorada pelo orgulho, num egoísmo desumano. O homem de engenho está tão pouco em sua obra que esta quase sempre se levanta contra ele, em testemunho implacável. Contudo, a obra do santo é a sua própria vida; e ele está por inteiro em sua vida.

Mas a dificuldade ainda não está, de modo algum, superada: neste ponto da meditação, ela aparece, ao contrário, como que quase insolúvel. A experiência dos homens nos ensina a penetrar bastante a fundo em suas intenções pela simples comparação – já por demais cruel – entre o público e o privado. Não existe atitude, por mais bem e pacientemente meditada que seja, que não traga em si sua própria contradição; não há mentira tão compacta que não tenha sua brecha, ou que pelo menos não possa ser tomada às avessas. Como o cirurgião ensina a vida valendo-se dos mortos, como o biólogo analisa os dejetos orgânicos para neles conseguir flagrar o segredo das permutas e das funções, o moralista sabe que tem diante de si uma personagem cheia de artifícios e de fraude, um cadáver camuflado, pelo qual somos enganados tanto quanto qualquer outro, até o momento em que o primeiro olhar do juiz, no além da morte, faça-o rebentar em pedaços. Mas o santo é perante nós o que ele será diante do juiz. Aqui tocamos, com um olhar fascinado, não (como se gostaria de dar a entender) uma vida diminuída, na qual a

cesse, mais la vie dans son effusion et comme à l'éclat naissant, la vie même, ainsi qu'une source retrouvée. Retrouvée, ear nous l'avions perdue, et sitôt retrouvée, nous la perdons encore. Le pauvre nomade, au coeur de ses déserts de sable, dressé à disputer au sol, pour lui et ses bêtes, un mince filet d'eau bourbeuse, a peine à croire qu'il est toujours un pays des fontaines, et que ce sera de nouveau pour ses lèvres et ses mains ce jaillissement glacê, ce bondissement plein d'écume et d'azur.

On pense qu'un Benoît, qu'un Dominique, qu'un Ignace nous sont plus proches qu'un Jean de la Croix ou qu'une Catherine de Sienne, parce qu'ils sont aussi des législateurs et des conquérants. Il est vrai qu'ils nous donnent ainsi des leçons que la prudence humaine peut entendre. Mais que cette vue est courte! L'ambitieux qui rêverait de trouver ici une méthode et des recettes originales perdrait son temps. La sainteté n'a pas de formules, ou pour mieux dire, elles les a toutes. Elle rassemble, et exalte toutes les puissances, elle realize la concentration horizontale des plus hautes facultés de l'homme. Pour la seulement reconnaitre, elle exige de nous un effort et que nous participions, en quelque mesure, à son rythme, à son immense élan. Sans doute il parait plus facile de transcrire, selon le vocabulaire commun, l'Histoire de la fondation des Prêcheurs plutôt qu'une illumination d'Angéle de Foligno, et pourtant, s'il étail em notre pouvoir de lever sur les ouvres de Dieu un regard unique et pur, l'ordre des Prêcheurs nous apparaitrait comme la charité même

mortificação flagela sem cessar, mas a vida em plena efusão e como no seu amanhecer, a vida ela mesma, assim como uma nascente reencontrada. Reencontrada, pois nós a havíamos perdido; e logo depois de reencontrada, perdemo-la novamente. O pobre nômade, no coração dos desertos de areia, treinado em disputar na terra para si e para seus animais um estreito filete de água turva, sente dificuldade em crer que ainda exista um país de nascedouros, e que seus lábios e mãos poderão um dia experimentar o frescor borbulhante, o saltitar cheio de espuma e de azul.

Pensamos que um Bento, que um Domingos, que um Inácio nos sejam mais próximos que um João da Cruz ou que uma Catarina de Sena, porque eles são também legisladores e conquistadores. É verdade que eles também nos dão algumas lições que a prudência humana pode ouvir. Como, porém, é curta essa visão! O ambicioso que sonhasse aqui encontrar um método e receitas originais perderia seu tempo. A santidade não tem fórmulas, ou, melhor dizendo, possui todas. Ela reúne e eleva todas as potências; realiza a concentração horizontal das mais altas faculdades do homem. Apenas para reconhecê-la, ela exige de nós esforço e que participemos, em alguma medida, de seu ritmo, de seu imenso élan. Sem dúvida, parece mais fácil transcrever, segundo o vocabulário comum, a História da Fundação dos Frades Pregadores do que uma iluminação de Ângela de Foligno, e, no entanto, se estivesse a nosso alcance lançarmos sobre as obras de Deus um olhar único e puro, a Ordem dos Pregadores se nos apareceria como a

de saint Dominique réalisée dans l'espace et dans le temps, comme sa visible oraison.

Voilà pourquoi les méthodes modernes de la critique historique, en de telles matières, n'ont pas fini de nous décevoir. Les vies que les grandes passions humaines commandent, au delà de leur apparent désordre, ont une certaine unité grossière qui permet de transposer les plus ilustres sur le plan des vies ordinaires, de leur trouver, si l'on peut ainsi dire, une sorte de dénominateur commun. Rien de plus monotone que la passion, et qui se répète si misérablement. César nous fait comprendre tel ambitieux de chef-lieu de canton et tel fonctionnaire colonial nous ouvre l'âme de Néron. La passion prend tout ce qu'on lui cède et ne rend rien. Au lieu que la charité donne tout, mais il lui est rendu plus encore. Quelle comptabilité surhumaine rendrait compte de ce magnifique échange? Si l'historien s'en tient à une rigoureuse exactitude, il nous apprendra peu de chose à l'existence d'un Saint. Les vieilles légendes en disent beaucoup plus long, parce qu'elles transcrivent en symbole des réalités profondes. Elles ont ce caractère d'ingénuité qui semble dérouter exprès notre logique et notre expérience. Comment n'auraient-elles pas ce caractère? Chaque vie de Saint est comme une nouvelle floraison, l'effusion dans un monde rendu, par l'hérédité du péché, esclave de ses morts – d'une miraculeuse, d'une édénique ingénuité.

En ce sens, il nous importe peu que Dominique appartint ou non à l'illustre famille rois d'Espagne. C'est assez de savoir

própria caridade de São Domingos realizada no espaço e no tempo, como se fosse sua oração visível.

Eis por que em tais matérias os métodos modernos da crítica histórica não cessam de nos decepcionar. As vidas comandadas pelas grandes paixões humanas, para além de sua aparente desordem, têm certa unidade grosseira, capaz de transpor as mais ilustres ao plano das vidas ordinárias, de encontrar-lhes, se assim o podemos dizer, uma sorte de denominador comum. Nada de mais monótono que a paixão, que tão miseravelmente se repete. César faz-nos compreender as ambições de um sujeito qualquer de uma cidade mediana, e um funcionário colonial pode abrir-nos a alma de Nero. A paixão toma tudo quanto lhe cedemos, e nada restitui. Contrariamente, a caridade dá tudo, mas lhe restituímos mais ainda. Qual compatibilidade sobre-humana daria conta desse magnífico comércio? Se o historiador limitar-se a uma rigorosa exatidão, ele nos dirá pouca coisa sobre a existência de um santo. Dizem-nos muito mais as velhas legendas, porque transcrevem em símbolos realidades profundas. Elas apresentam esse caráter de ingenuidade que parece confundir de propósito nossa lógica e nossa experiência. Como não teriam esse caráter? Cada vida de santo é como uma nova floração, a efusão – em um mundo tornado, pela hereditariedade do pecado, escravo de suas mortes – de uma milagrosa, de uma edênica ingenuidade.

Nesse sentido, pouco nos importa que Domingos pertença ou não à ilustre família dos Gusmão, e que assim tenha sido parente dos antigos reis da Espanha. Basta-nos saber que era de sangue

qu'il était de sang militaire, et de l'imaginer petie enfant, avec les cheveux blonds, presque fauves, les yeux bleus et la peau blanche de ses ancestres visigoths, Ruodric, Wilhem ou Froila, au sommet de l'humble tour seigneuriale de Carleruega, de l'unique < torreon > rectangulaire bâti par son aïeul, à la frontière du pays maure, et regardant glisser vers la mer les eaux pâles du Douro. A l'extrême horizon, bien au delà des plaines grises, tigrées par les rochers rouges du trias, plantées de bruyères roses, de genêts, et de salicornes, avec ses fourrés de lavande, d'hysope et de romarin, ou paissent les petits pourceaux noirs, la sierra de Guadarrama lève au ciel ses hauts contreforts sombres, et derrière leur masse énorme, c'est Tolède, où les chefs castillans luttent contre les Maures. En une ou deux étapes, la brêche ouverte, les petits chevaux infaligables seraient au bord du fleuve, et l'on verrait de nouveau s'agiter sur les rives les longs manteaux blanes et les haubergeons dorés... Le temps n'est pas si loin òu sur les marches maures on avait une femme pour un dirhem, et un enfant chrétien pour un demi-dirhem! Pas une de ces chaumières de torchis tassées autour du donjon ou l'on ne s'entretienne de merveilleuses histoires, graves et sanglantes, qui sont dans le gènie de cette race formée dans le malheur et la pauvreté. Le berger, couvert des pieds à la tête de peaux de mouton, et qui semble, au milieu de ses bêtes, une autre bête géante, en nourrit ses songes la main fermée sur sa houlette garnie de fer. Mais on parle aussi à voix basse de

militar e imaginá-lo criancinha, com os cabelos louros, quase ruivos, os olhos azuis e a pele branca de seus ancestrais visigodos Ruderico, Wilhem ou Froilás, no cimo da humilde torre senhorial de Careluega, do único *torreón* retangular construído por seu ancestral, na fronteira da região moura, e olhando deslizar para o mar as águas pálidas do Douro. No horizonte longínquo, bem mais além das planícies cinzentas, listradas de rochedos vermelhos do período triássico, semeadas de urzes rosadas, de genistas e de salicórnias, com suas moitas de lavanda, de hissopo e de alecrim, onde pastavam os pequenos porcos negros, a Serra de Guadarrama eleva ao céu seus altos contrafortes sombrios; por detrás dessa massa enorme está Toledo, onde os chefes castelhanos lutavam contra os mouros. Em uma ou duas etapas, aberta a brecha, os pequenos cavalos infatigáveis estariam às margens do rio, e veríamos novamente agitarem-se sobre ribanceiras os longos mantos brancos e as lorigas douradas... Não está muito longe o tempo em que nos mercados mouros se conseguia uma mulher por um dirrã, e uma criança cristã valia meio dirrã! Não havia nenhuma dessas choupanas cobertas de palha e de barro, amontoadas ao redor da torre principal, onde não se tivessem contado histórias maravilhosas, graves e sangrentas, reveladoras do gênio dessa raça formada na desgraça e na pobreza. O pastor, coberto da cabeça aos pés com pele de carneiro, parecendo, em meio a seus animais, um animal gigante, alimentava nas lendas os seus sonhos, apoiando-se no bordão guarnecido de ferro. Mas falava-se também, em voz

ses parents – père, fils ou frère – enlevés par les hardis voleurs paiens, vendus comme un bétail, et qui achévent lentement de mourir dans les supplices et les teurreurs de l'esclavage, au fond de ces villes mystérieuses, pleines de richesses inouies et sous un ciel enchanté. Parfois les femmes se passent em pleurant quelque message apporté de si loin par un catalan suspect, probablement renégat ou par un juif. Après un souvenir désespéré à tout ce qu'il ne retrouvera jamais plus, le misérable énonce timidement le prix de as rançon – chiffres fabuleux, déchirant mirage! < La captivité, chez les Maures, fut l'une des plaies de l'Espagne, plus angoissante que la famine >, écrit le R. P. Petitot. Or tandis que ces durs paysans, ou leurs nobles si pareils à eux, rêvaient de représailles, d'armées défaites et de têles coupées, n'est-il pas permis de supposer que le petit Domingo, qui, jusqu'à sa mort, fut un ami si tendre, sentait, à de pareils récits, son coeur tremember de pitié? Thierry d'Apolda nous rapporte que vingt ans plus tard, le jeune chanoine d'Osma résolut um jour de se vendre pour racheter le fils d'une pauvre femme... Peut-être touchons-nous ici le resort secret d'une enfance dont les chroniqueurs ne nous apprennent que peu de chose? Cette imagination délicate fut tôt cruellement blessée. Bien d'autres jeunes Castillans subirent dans le même temps la même épreuve, et s'y endurcirent seulement. Mais celui-ci s'ouvre d'instinct et tout entire à la divine compassion – et, dès lors, commence sans doute le poème de sa charité.

baixa, de seus parentes – pai, filho ou irmão – levados por ousados larápios pagãos, vendidos como gado, e que acabavam por morrer lentamente nos suplícios e terrores da escravidão, no fundo de cidades misteriosas, cheias de riquezas inauditas e sob um céu encantador. Algumas vezes, circulava entre as mulheres em pranto alguma mensagem trazida de muito longe por um catalão suspeito, provavelmente renegado, ou por um judeu. Após um adeus desesperado a tudo aquilo que nunca mais havia de encontrar, o miserável enunciava timidamente o preço de seu resgate – números fabulosos, desoladora miragem! "O cativeiro entre os mouros foi uma das chagas da Espanha, mais angustiante que a fome", escreveu o reverendo padre Petitot. Ora, enquanto esses rudes camponeses, ou seus nobres, a eles tão semelhantes, sonhavam com represálias, com exércitos derrotados e cabeças cortadas, não nos é permitido supor que o pequeno Domingos, que, até sua morte, foi um amigo tão terno, sentisse, ao ouvir tais narrativas, seu coração tremer de piedade? É de Teodorico de Apolda o relato de que, vinte anos mais tarde, o jovem cônego de Osma resolveu um dia vender-se, a fim de resgatar o filho de uma pobre mulher... Talvez toquemos aqui no domínio secreto de uma infância sobre a qual os cronistas tão pouca coisa nos contam? Esta delicada imaginação logo foi cruelmente ferida. Na época, muitos outros jovens castelhanos sofreram tal provação, e dela só saíram mais duros. Porém, Domingos se abriu instintiva e inteiramente à divina compaixão – e, a partir daí, teve início, sem dúvida, o poema de sua caridade.

La mère de Dominique, la bienheureuse Jeanne, étair fille des seigneurs d'Aza, et de noblesse ancienne. Il était le dernier de ses enfants, et peut-être le plus chèrement aimé si l'on en croit la tradition qui veut que la future gloire de son fils lui ail été annoncée par des songes. Elle le garda sept ans près d'elle, puis le conduisit chez son oncle, l'archiprêtre de Gumiel d'Izan (mais Gumiel d'Izan n'est qu'à quatre lieues de Carleruega). Il y vécut obscurément et studieusement jusqu'à l'âge de quinze ans. Alors, on décida de l'envoyer aux écoles de Palencia, qui seront plus tard l'illustre université de Salamanque. Ces écoles étaient dês ce moment célèbres, et d'ailleurs l'Espagne tout entière, comme le reste de la chrétienté, se sentait emportée dans l'irrésistible mouvement d'ascension que fut le prodigieux treizième siècle.

Selon le vénérable programme carolingien, six années furent consacrées à l'étude de la grammaire, de la poétique, de la logique, puis de l'algèbré, de l'astronomie et de la musiquc. Ce premier eycle achevé, Dominique avait atteint sa vingt et unième année, mais il étudiera ou professera la théologie à Palencia jusqu'à l'âge de trente et un ans. C'est alors que le prieur du chapitre d'Osma, Diego de Azevedo, l'ayant appelé près de lui, il devint chanoise régulier de ce chapitre el en fut nommé sous-prieur, lorsque Diego fut appelé lui-même au siege épiscopal d'Osma. Dominique a trentequatre ans.

Que d'autres, aussi bien nés, non moins studieux, éloquents, sont morts prieurs d'Osma! et pourtant, à l'insu de tous et sans doute

A mãe de Domingos, a beata Joana, era filha dos Senhores de Aza, e de antiga nobreza. Ele era o último de seus filhos, e possivelmente o mais ternamente amado, se dermos crédito à tradição de que a glória futura de seu filho lhe tivesse sido anunciada em sonhos. Ela o teria perto de si por sete anos; depois o conduziu para a casa do tio, o arcipreste de Gumiel de Izán (mas Gumiel de Izán dista apenas quatro léguas de Caleruega). Domingos aí viveu, obscura e estudiosamente, até a idade de 15 anos. Então, decidiu-se enviá-lo às escolas de Palência, que mais tarde se tornariam a ilustre Universidade de Salamanca. Essas escolas são célebres desde aquele tempo, e, aliás, toda a Espanha, como o restante da cristandade, sentia-se empolgada pelo irresistível movimento de ascensão que fora o prodigioso século XIII.

Segundo o venerável programa carolíngio, seis anos foram dedicados ao estudo da gramática, da poética, da lógica, em seguida, da álgebra, da astronomia e da música. Concluído esse primeiro ciclo, Domingos atingira seus 21 anos, mas ele ainda estudaria ou ensinaria teologia em Palência até seus 31 anos de idade. Foi então que o prior do Cabido de Osma, Diego de Azevedo, chamou Domingos para perto de si, tornando-o cônego regular deste capítulo; e quando o próprio Diogo foi elevado à sede episcopal de Osma, nomeou Domingos vice-prior. Ele contava com 34 anos.

Quantos outros, tão bem-nascidos, não menos estudiosos, eloquentes, morreram como priores de Osma! E, contudo, sem ninguém saber, nem ele mesmo, sem dúvida, que a grande obra, já

méconnue de lui-même, la grande ouvre, déjà conçue, a tressailli dans son coéur. Ce jeune chanoine aux cheveux blonds, aux belles mains, à la voix forte et douce, qui va lire sur les rives de l'Ucero et répond aux saluts avec une sorte d'urbanité tendre que ses fils ont tant aimée, c'est l'ordre des Prêcheurs, non point formé par un calcul abstrait, mais dans la plénière effusion de la vie. Ici tout est pur, tout est neuf, tout s'efforce vers le haut, comme l'universelle ascension de l'aube. C'est l'ordre des Prêcheurs, cette grande avidité de la Science et ce grand désir encore de l'instaurer dans le Christ. C'est l'ordre des Prêcheurs cette impatience sacrée, qui, dans sa petite cellule, aux pieds du Crucifix, fait rugir Dominique comme un lion – < a gemitu cordis sui rugitus solebat emittere >. C'est l'ordre des Prècheurs, le cri de l'apòtre qui, em temps de famine, vend ce qu'il a de plus cher, ses livres: < Comment pouvez-vous étudier sur des peaux mortes, alors que vos frères meurent de faim! C' est l'ordre des Prêcheurs enfin, la sublime inquiétude du sous-prieur obscur qui, en pleine floraison de la vie monastique, cherche en vain une règle à as mesure et ne la trouve point. Si semblable aux autres hommes – et, au regard de Dieu et de anges, nouveau, exprès crée, unique!

Il est pauvre, il est seul, et le temps lui est mesuré: dix -sept ans, deux cent quatre mois! De plus, il ne semble avoir aucun plan, il ignore toujours sa voie. Mais il a mieux qu'aucun plan: le détachement fondamental, la liberté intérieure qui attire sans doute l'Esprit du haut des airs, ainsi qu'um oiseau fascine. Et c'est alors qu'un

concebida, trepidava em seu coração. Esse jovem cônego de cabelos louros, de belas mãos, de voz forte e mansa, que lia às margens do Rio Ucero e respondia às saudações com um tom de terna urbanidade, que seus filhos tanto amaram, é a Ordem dos Pregadores, de modo algum formada por um cálculo abstrato, mas na plena efusão da vida. Ali tudo era puro, tudo era novo, tudo tendia para o alto, como a universal ascensão da aurora. É a Ordem dos Pregadores, essa grande avidez por ciência e ainda esse grande desejo de instaurá-la em Cristo. É a Ordem dos Pregadores, essa impaciência sagrada que, em sua pequena célula, aos pés do crucifixo, fazia Domingos rugir como um leão – *a gemitu cordis sui rugitus solebat emittere*. É a Ordem dos Pregadores, o grito do apóstolo que, em tempos de fome, vende o que possui de mais caro, seus livros: "Como podeis estudar em peles mortas, enquanto vossos irmãos morrem de fome?!". É a Ordem dos Pregadores, enfim, a sublime inquietude do obscuro vice-prior que, em plena floração da vida monástica, busca em vão uma regra à altura de seus desejos e nada encontra. Tão semelhante aos outros homens – e, ao olhar de Deus e de seus anjos, novo, especialmente criado, único.

Ele é pobre, ele é só, e o tempo lhe é contado: 17 anos, duzentos e quatro meses! Além do mais, ele não parece ter plano algum, ainda ignora seu caminho. Mas tem algo melhor que qualquer plano: o desprendimento fundamental, a liberdade interior que atrai, sem dúvida, o Espírito do alto dos ares, como um pássaro fascinado. E é então que um primeiro sinal, quase obscuro, de repente lhe é dado.

premier signe, d'ailleurs obscur, lui est donné tout à coup. Le roi de Castille envoie Diego de Azevedo et Dominique en Danemark pour y négocier le marriage de son fils avee une princesse de ce pays.

Qu'au terme de ce long voyage, les deux ambassadeurs aient appris le décès de 1a petite princesse, cela sans doute n'importe guère. L'Aventure, un peu burlesque, a um autre sens. Dominique est encore sous-prieur d'Osma, et déjà ses liens sont brisés. Il a traversé maints pays, il a vu la grande détresse de l'Eglise, les moines retranchés dans leurs couvents, les évêques inertes ou suspeets, perdus de procès et de chicanes, le elergé maintenu dans une ignorance abjecte au milieu d'un peuple que le progrés matériel et la facilité croissante de la vie affinent chaque jour, les paroisses à l'abandon, livrées par leurs pasteurs légitimes, à des vicaires mercenaires, la prédication réduite à rien, limitée à la récitation dominicale du < Credo et du Pater >, ou affermée à des associations laïques sans doctrine, à des orateurs de foire; la papauté impuissante, submergée, trahie, contrainte d'engager as dernière troupe, la suprême réserve cistercienne – et dans ce désordre effroyable, ainsi que des loups à travers une ville pillée – les apôtres d'une doctrine étrange, venue d'Orient, et qui font du diable l'égal et le rival de Dieu... Vous voyez le vieil évêque, sur la longue route monotone, à tant de lieues de sa pauvre cathédrale, et qui ne peut croire que le monde est si méchant tandis que la fameuse voix d'airain encore inconnue crie dans la campagne déserte sa colère et son espoir! Et les voilà tout soudain le jeune et le vieux qui, rassasiés

O rei de Castela envia Diego de Azevedo e Domingos à Dinamarca para negociar o casamento de seu filho com uma princesa desse país.

Certamente, ao termo dessa longa viagem, ambos os embaixadores foram informados da morte da princesinha. Não havia grande importância. A aventura, um tanto burlesca, tem outro sentido. Domingos ainda é vice-prior de Osma, mas os laços que o prendem já estão rotos. Ele atravessou vários países, ele viu o grande sofrimento da Igreja, os monges entrincheirados em seus conventos, os bispos inertes ou suspeitos, perdidos em processos e chicanas, o clero fixo numa ignorância abjeta, em meio a um povo cada dia mais refinado, com o progresso material e as crescentes facilidades, as paróquias em abandono, entregues por seus legítimos pastores a vigários mercenários, a pregação reduzida a nada, limitada à recitação dominical do *Credo* e do *Pater*, ou confiada a associações leigas sem doutrina, a oradores de comícios; o papado impotente, submerso, traído, forçado a comprometer sua última tropa, a suprema reserva cisterciense – e nessa terrível desordem, como lobos numa cidade pilhada –, os apóstolos de uma doutrina estranha, originária do Oriente, e que fazem do diabo o igual a Deus e rival Dele... Parece-nos ver o velho bispo, na longa estrada monótona, a tantas léguas de sua pobre catedral, e que não pode acreditar que o mundo seja tão cruel, enquanto a famosa voz de bronze, ainda desconhecida, cria pelos campos desertos sua cólera e sua esperança! E eis que, subitamente, o jovem e o velho que, saturados de tristeza, tomam uma resolução – tão bela, tão comovente, tão parecida aos

de tristesse, prennet une résolution – si belle, si touchante, si pareille aux grands rêves de l'enfance! Ils brûlent les étapes, courent à Rome, se jettent aux pieds du Saint-Père, et sollicitent humblement la permission d'évangéliser les Cumans. Qu'est-ce que les Cumans? Ce sont des païens nomades de l'extrême Dacie, dont ils ont ouï parler em Danemark, et si cruels et fourbes, qu'ils auront tôt fait de les mettre à mort, eux, pauvres serviteurs de Dieu...

Innocent III, écrit le P. Petitot, était petit de taille, portait un bonnet pointu, parlait d'une voix forte et brève. Il renvoya Diego à son diocèse.

Chaque homme prédestiné, au moins une fois dans sa vie, a cru couler à pic, toucher le fond. L'illusion que tout nous manque à la fois, ce sentiment de complète dépossession est le signe divin qu'au contraire tout commence. Il est vraisemblable que le vieil évêque, qui, d'ailleurs, mourra bientôt, et son jeune compagnon connurent sur le chemin du retour quelque chose de cette amertume. Ils suivirent la vallée de la Loire, puis celle du Rhône, traversèrent Lyon, Avignon, Nimes. On respire partout un air de trahison. Grands et petits seigneurs, âpres à lá curée des biens d'Eglise, évêques félons, moines bloqués dans leurs forteresses, petit peuple déjà railleur, demain féroce, regards sournois, mains dérobées, places de villages bruyantes comme des ruches, tout à coup muettes quand on passe... la petite caravane cheminait lentement à travers l'orage prêt à crever. Comme les filles devaient rire haut sur leur passage! Aux heures du jour, – car

grandes sonhos da infância! Eles queimam as etapas, correm até Roma, jogam-se aos pés do Santo Padre e solicitam humildemente a permissão de evangelizar os cumanos. Quem são os cumanos? São pagãos nômades da longínqua Dácia, dos quais eles ouviram falar na Dinamarca, tão cruéis e sorrateiros, capazes de logo os matar friamente, a eles, pobres servidores de Deus...

Inocêncio III, escreve o padre Petitot, era de baixa estatura, usava um barrete pontudo, falava com uma voz forte e rápida. Ele faz Diego retornar à sua diocese.

Todo homem predestinado, ao menos uma vez na vida, creu estar naufragando, já sem mais esperanças. A ilusão de que tudo nos pode faltar ao mesmo tempo, este sentimento de estar completamente despossuído é o sinal divino de que, pelo contrário, tudo está para começar. É provável que o velho bispo, que, aliás, em breve morrerá, e seu jovem companheiro tenham sentido, no caminho de volta, algo desse amargor. Eles seguiram pelo Vale do Loire, depois pelo Vale do Rhône, atravessaram Lyon, Avignon, Nimes. Por toda parte, respirava-se uma atmosfera de traição. Grandes e pequenos senhores ávidos pelos bens da Igreja, bispos infiéis, monges barricados em suas fortalezas, pessoas do povo hoje zombeteiras, amanhã ferozes, olhares dissimulados, mãos escondidas, praças de povoados ruidosas como colmeias, mas de súbito silenciosas, quando passava alguém... a pequena caravana ia lentamente pelo caminho, em meio à tempestade prestes a eclodir. Como as moças deviam rir alto quando eles passavam! Nas horas do dia – pois a noite não era senão um

la nuit n'était qu'uue grande rumeur obscure, – ils croisaient parfois l'escorte d'un riche abbé, furtive, armée jusqu'aux dents, comme en pays ennemi. Et lorsque la poussière était retombée, l'on voyait souvent l'un de ces Parfaits Cathares, pieds nus, tete nue, la chevelure encore pleine de la dernière averse, sordide et sévère sous sa bure, et les mères à genoux venaient lui présenter les petits enfants... Ils atteignirent ainsi, près de Montpellier, Castelnau.

Ils trouvèrent au bourg grande presse d'hommes, de mules, de chevaux: c'était là le double cortège du puissant abbé de Citeaux, Arnauld Amalrie, et des deux légats du pape, Châteauneuf et Raoul de Font-froide, qui les accueillit avee honneur. Dès le lendemain, on fit conférence. Les légats déplorèrent amèrement le libertinage et la simonie des prêtres, l'ambition des prélats, leurs intrigues ave eles seigneurs, l'indignité de l'évéque de Narbonne, l'insolente partialité du comte de Toulouse et de sa noblesse en faveur des renégats, et des mutins. Avee Amalric, ils jugeaient que la rébellion serait bientôt générale et qu'il faudrait l'étouffer Dans le sang... puis ils demandèrent honnêtement l'avis des deux étrangers. A cet appel, comme les coeurs des deux amis durent sauter dans la poitrine! Ils déclarèrent ensemble qu'il fallait renvoyer sur l'heure écuyers, chevaux et mules, dépouiller les riches habits, et s'en aller à pied sur les routes, à la grâce de Dieu, em mendiant le pain de chaque jour.

Voilà comment Diego de Azevedo, Dominique, les moines cisterciens et les légats résolurent de prendre en tel équipage la

rumor obscuro – eles cruzavam, às vezes, com a escolta de um abade poderoso, furtiva, armada até os dentes, como em um país inimigo. E quando a poeira baixava, via-se amiúde algum desses cátaros, chamados perfeitos, com os pés descalços, a cabeça descoberta, a cabeleira ainda molhada do último aguaceiro, sórdido e severo sob seu burel; e as mães, de joelhos, vinham apresentar-lhes seus filhinhos... Eles chegavam, assim, perto de Montpellier, de Castelnau.

Eles encontraram o vilarejo em grande agitação de homens, de mulas, de cavalos: lá estava o duplo cortejo do poderoso abade de Cister, Arnaldo Amalric, e de dois legados do papa, Châteauneuf e Raul de Fontfroide, que os acolheram honrosamente. Já no dia seguinte, abriu-se a conferência. Os legados deploravam amargamente a libertinagem e a simonia dos padres, ambição dos prelados, suas intrigas com os senhores, a indignidade do bispo de Narbonne, a insolente parcialidade do conde de Toulouse e de sua nobreza em favor dos apóstatas e dos amotinados. Como Amalric, eles pensavam que logo a rebelião se tornaria geral, e que seria preciso sufocá-la no sangue... Depois, eles pediram honestamente a opinião dos dois estrangeiros. A este convite, como o coração dos dois amigos deve ter saltado no peito! Declararam juntos que era necessário despachar imediatamente os escudeiros, os cavalos e as mulas, despojar-se das ricas vestimentas e irem a pé pelas estradas, com a graça de Deus, mendigando o pão de cada dia.

Eis como Diego de Azevedo, Domingos, os monges cistercienses e os legados resolveram tomar, em um novo estilo, a direção

direction de Beziers. Le Moyen Age a donné le scandale de beaucoup de vices, mais il n'a jamais été vulgaire.

Ce qu'il faut admirer d'une proposition si hardie, ce n'est pas seulement sa générosité, c'est sa parfaile convenance. Quand le monde échappe à la tyrannie des idées médiocres, il est la proie des idées hardies qui deviennent folles, car rien n'est plus rare que le veritable esprit pratique ou saint Thomas voit justement une extension de l'esprit spéculatif. Mais la pensée de Dominique rejoint ici sans le savoir celle des grands papes qui, dans la première moitié de ce siècle, vont jeter dans la mêlée les prêcheurs et les mendiants. Les monastères étaient restés ce qu'ils étaient déjà au plein de l'anarchie féodale, des asiles et des forteresses. On peut déjà les comparer à ces soldats si pesamment armés que la légère infanterie anglaise détruira de loin sans jamais se laisser aborder. Pour qu'une telle révolution fût accomplie, c'est-à-dire sanctionnée par Rome, il fallait d'abord que saint François et saint Dominique se fussent sacrifiés, afin de prouver qu'elle était possible. Car telle es la part que Dieu réserve à ses saints.

Des lors, il n'est peut-être pas défendu d'imaginer que Dominique réalise un plan. Mais que la vérité doit être loin de cette hypothèse, ce serait plutôt quelque chose comme une succession sans répétition où tout moment est unique. L'oeuvre n'est pas mûre, c'est la charité qui est prête, e'est l'être vivifié par l'Esprit qui a atteint désormais son plus haut point d'excellence. Rien ne l'arrêtera, et

de Beziers. A Idade Média deu o escândalo de muitos vícios, mas nunca foi vulgar.

O que se deve admirar em uma proposição tão ousada não é somente sua generosidade, mas sua perfeita conveniência. Quando o mundo escapa à tirania das ideias medíocres, ele passa a ser presa das ideias audazes que se tornam loucas, pois não há nada mais raro que o verdadeiro espírito prático, no qual Santo Tomás de Aquino vê justamente uma extensão do espírito especulativo. Mas o pensamento de Domingos vem ao encontro neste ponto, sem o saber, daquele dos grandes papas que, na primeira metade desse século, vão jogar na briga os pregadores e os mendicantes. Os mosteiros continuavam a ser o que já eram ao tempo da anarquia feudal, refúgios e fortalezas. Podemos até compará-los a soldados tão pesadamente armados que a leve infantaria inglesa destruirá de longe, sem jamais se deixar abordar. Para que tal revolução acontecesse, quer dizer, fosse sancionada por Roma, era antes necessário que São Francisco e São Domingos se sacrificassem, a fim de provar que ela era possível. Pois essa é a parte que Deus reserva a seus santos.

A partir de então, não é impossível imaginar que Domingos tivesse em mente um plano. Mas como a verdade deve estar longe dessa hipótese preguiçosa! Se a santidade desenvolve uma história, seria antes algo como uma sucessão sem repetições, onde cada momento é único. A obra não está madura, é a caridade que está pronta; é o ser vivificado pelo Espírito que atingiu daí em diante seu mais alto ponto de excelência. Nada o deterá, e o obstáculo, jogado

l'obstacle, déchu d'avance, n'est plus qu'un guide ou qu'um Repère. La volonté du grand homme a toujours quelque chose de roide. Que celle du saint est au contraire libre, docile, et pure! Que voulez-vous opposer de solide, ou quel piège voulez-vous tendre à celui qui, à chaque seconde, est toujours prêt à tout donner?

Il donne tout en effet. Son premier mouvement est de se jeter en avant. Ces magnifiques espérants se batente toujours em désespérés. Le château fort du seigneur Etienne, à Lervian, est un repaire de renégats cathares, dont le plus célèbre est Thierry, ancien doyen du chapitre de l'église cathédrale de Nevers. La petite troupe y court. Ne croyons pas que ces néo-manichéens de qualques-uns d'entre eux était inouie, et ils savaient en tirer un parti merveilleux, liant adroitement leur cause d'une part au movement démocratique plus puissant à cette époque qu'à aucun autre moment de notre histoire.

L'éclosion d'une hérésie est toujours d'ailleurs un phénomène assez mystérieux. Lorsqu'un vice dans l'Eglise atteint comme une certaine maturation, l'hérésie germe d'ellemême, pousse aussitôt ses monstrueux rameaux. Elle a sa racine dans le corps mystique, ele est une déviation, une perversion de as vie même. L'hérésie cathare a poussé sur l'ignorance et la paresse des cleres, comme la vaudoise sur leur avarice et leur luxure. < Les évêques, dira solennellement le Concile de Latran, à cause de leurs infirmités, pour ne point parler du défaut de science, lequel est absolument blâmable et intolérable,

por terra de antemão, não é nada mais que um guia ou um ponto de referência. A vontade dos grandes homens tem sempre algo de rígido. Mas aquela do santo, ao contrário, é livre, dócil e pura! O que se pode opor de concreto, ou qual cilada se pode fazer àquele que, a cada segundo, está sempre pronto a tudo dar?

De fato, Domingos tudo dá. Seu primeiro movimento é avançar, lançando-se para a frente. Esses magníficos homens de esperança sempre combatem como desesperados. O castelo-forte do senhor Estêvão, em Lervian, é um covil de apóstatas cátaros, dos quais o mais celebre é Teodorico, antigo deão do cabido da igreja catedral de Nevers. A pequena tropa corre até lá. Não pensemos que esses neomaniqueus fossem ignorantes: a erudição escriturária de alguns dentre eles era extraordinária, e sabiam muito bem se aproveitar disso, ligando habilmente, por um lado, sua causa ao movimento democrático, mais poderoso naquela época que em nenhum outro momento de nossa história.

Aliás, a eclosão de uma heresia é sempre um fenômeno bastante misterioso. Quando um vício atinge a Igreja como certa maturação, a heresia germina espontaneamente, logo desenvolve seus monstruosos ramos. Ela tem sua raiz no corpo místico; é um desvio, uma perversão de sua própria vida. A heresia cátara pôde proliferar por causa da ignorância e da preguiça dos clérigos, como a heresia valdense, por sua avareza e luxúria. "Os bispos, diria solenemente o Concílio de Latrão, por causa de suas enfermidades, para não falar de sua falta de ciência, o que é absolutamente censurável e

ne suffisent plus à prêcher la parole de Dieu. > Si la charité de Dominique n'en avait eu le pressentiment, l'expérience 1 lui eût appris au cours des controverses si rudes qu'il va soutenir pendant des mois à Lervian, à Béziers, à Carcassonne, à Toulouse, à Verfeuil, à Montréal.

Les lois de la dialectique sont celles aussi de l'action. Le véritable dialeclicien dédaigne les erreurs parasites et se porte d'emblée au centre même du raisonnement ennemi. Pareillement nous voyons Dominique, ainsi qu'un chef de guerre, chercher le contact non pour tâter l'adversaire, mais pour le battre. Certes, il trouverait parmi les cathares des hypocrites à démasquer, des ambitieux à humilier, des ignorants à confondre. Je le vois mépriser ces triomphes faciles, et sans doute il n'y songe point. Mais puisque les meilleurs d'entre les Parfaits sont à Fanjeaux, au milieu d'un peuple fanatique, c'est là qu'il court s'enfermer, au grand péril de sa vie. Et il n'a pas plus tôt ramené à Dieu neuf dames de petite noblesse, qu'il fonde avec elles la maison de Prouille – son premier et humble butin.

Presque aussitôt le pape Innocent III appelait le roi de France, le duc de Bourgogne, le comte de Champagne au secours de la chrétienté. Dix-huit mois plus tard, Béziers tombait, puis Carcassonne. Pendant six autres annés, le flot passe et repasse sur la misérable terre. Quand il se retire, Prouille est toujours debout, et Dominique, d'accord avec l'évêque Foulques, s'est fortment installé à Toulouse. Néanmoins, après dix ans de prédications incessantes, le saint ne compte encore que six compagnons. Plus d'un se serait découragé,

intolerável, não são mais capazes de pregar a Palavra de Deus". Se a caridade de Domingos não lho tivesse levado a pressenti-lo, a experiência ter-lhe-ia ensinado, ao longo de tão rudes discussões públicas das quais ele tomou parte durante meses, em Lervian, Béziers, Carcassonne, Toulouse, Verfeuil e Montreal.

As leis da dialética são as mesmas da ação. O verdadeiro dialético desdenha os erros parasitários e vai direto ao centro do raciocínio inimigo. Do mesmo modo, vemos Domingos, como um chefe de guerra, buscar o contato, não para sentir o adversário, mas para abatê-lo. É certo que ele encontraria entre os cátaros hipócritas a desmascarar, ambiciosos a humilhar, ignorantes a confundir. Vemo-lo desdenhar triunfos fáceis, e sem dúvida nem os buscava. Mas, uma vez que os melhores dentre os perfeitos estavam em Fanjeaux, em meio a um povo fanático, lá se estabeleceu, para grande perigo de sua vida. Ele tão somente reconduziu a Deus nove damas da pequena nobreza, e fundou com elas a Casa de Prouille – seu primeiro e humilde despojo de guerra.

Quase na mesma ocasião, o papa Inocêncio III convocava o rei da França, o duque da Borgonha, o conde de Champagne para ajudar a cristandade. Dezoito meses mais tarde, caía Béziers, depois, Carcassonne. Durante os próximos seis anos, a devastação passará e repassará sobre a miserável terra. Quando se retirou, Prouilhe ainda estava de pé, e Domingos, de comum acordo com o bispo Foulques, instalou-se permanentemente em Toulouse. Entretanto, após dez anos de pregações incessantes, o santo contava com apenas seis

ou du moins eût montré quelque hâle à réparer le temps perdu: celui-ci envoie tranquillement sa petite troupe au maître Stavensby, qui professe, à Toulouse même, l'apologétique et la théologie. Un tel sang-froid fait rêver.

L'Institut des < missionnaires apostoliques de Toulouse > date de 1215. Dominique est à la quarante-cinquième année de son âge, et il mourra six ans plus tard.

Le destin des grands hommes est soumis à la loi commune: il semble que leur chance ait as jeunesse, son âge mûr, son déclin, sa décrépitude. A Marengo, tout s'arrange; à Waterloo rien ne va plus. Mais la vie d'um saint a un autre rythme. Les débuts em sont lents, solvente fastidieux; les contradictions viennent du dehors, et eles paraissent aussi venir du dedans. Puis, Iorsque l'oeuvre a trouvé son équilibre mystérieux, ele est comme arrachée de terre et s'envole.

Tous les historiens de saint Dominique consacrent à l'étude de ses dix dernières années plus de la moitié de leurs pages. Ce piétinement forcé risque de laisser le lectur insensible à un élan si prodigieux. La charte par laquelle Innocent III prend sous sa protection immédiate le monastère de Prouille est du 8 octobre 1215. Dominique et l'évêque Foulques sont alors à Rome. En janvier 1215, nous retrouvons le saint à Narbonne, puis à Prouille. Une communauté de religieuses est installée à Toulouse. Le projet de la première règle est établi, qui amorce déjà l'innovation la plus

companheiros. Alguns sentiram-se desanimados, ou ao menos demonstravam certa pressa em recuperar o tempo perdido: Domingos enviou tranquilamente sua pequena tropa ao mestre Stavensby, que ensinava, lá em Toulouse mesmo, apologética e teologia. Tamanho sangue frio nos faz pensar.

O Instituto dos "Missionários Apostólicos de Toulouse" data de 1215. Domingos estava com 45 anos de idade, e morreria seis anos mais tarde.

O destino dos grandes homens está sujeito a uma lei comum: parece que a sorte deles tem sua juventude, sua idade madura, seu declínio, sua decrepitude. Em Marengo, tudo acaba dando certo; em Waterloo, não há saída. Mas a vida de um santo possui outro ritmo. Os começos são lentos, muitas vezes fastidiosos; as contradições vêm de fora, e também parecem vir de dentro. Depois, quando a obra encontrou seu equilíbrio misterioso, ela é como que arrancada da terra e voa para longe.

Todos os historiadores que se debruçaram sobre São Domingos dedicaram mais da metade de suas páginas ao estudo de seus dez últimos anos. Tal delimitação forçada corre o risco de deixar o leitor insensível a um élan tão prodigioso. O documento pelo qual Inocêncio III toma sob sua proteção imediata o Mosteiro de Prouille data de 8 de outubro de 1215. Domingos e o bispo Foulques estavam, então, em Roma. Em janeiro de 1215, encontramos o santo em Narbonne, depois em Prouille. Uma comunidade de religiosas foi instalada em Toulouse. É estabelecido o projeto de uma primeira

hardie: la suppression du travail manuel, ayant pour corollaire la renonciation aux possessions territoriales. Le 28 août de la même année, le maître des Prêcheurs prend possession du prieuré de Saint-Romain, premier couvent régulier de l'ordre. En décembre, il est de retour à Rome, où il obtient du successeur d'Innocent, Honorius III, une approbation solennelle. Dès le printemps 1217, il est de nouveau en Languedoc, et en dépit de tous les conseils, avec une audace inouïe, tandis que la révolte gronde dans toute l'étendue de la province. Il disperse ses frères – sept à Paris, quatre à Madrid – et il retourne luimême à Rome avec un seul compagnon. C'est pour y fonder presque aussitôt le couvent de Saint-Sixte. Il a déjà rassemblé une trentaine de frères, mais fidèle à son étonnnante maxime que < le grain pourrit quando on l'entasse et fructifie quand on le sème >, il jeite une partie de sa troupe à Bologne, dont l'Université est rivale de celle de Paris. Puis il court en France, pour y apprendre la dèsastreuse mort de Simon de Monfort et la ruine de la croisade. Les fondations de Prouille et de Toulouse sont en péril: belle occasion de prélever sur les effectifs réduits deux frères, et puisque Lyon est la capitale de l'hérésie vaudoise, c'est à Lyon qu'il les envoie. D'ailleurs il n'a pas le loisir de les suivre, puisqu'il est déjà en Espagne, ou il fonde, à Ségovie, le couvent de Santa-Cruz, repasse les Pyrénées, s'arrête à Prouille juste le temps nécessaire pour donner à chacune de ses chères filles un beau couvert d'ébène qu'il a honnêtement

regra, que já dava início à mais ousada inovação: a supressão do trabalho manual, tendo por corolário a renúncia às posses territoriais. No dia 28 de agosto do mesmo ano, o Mestre dos Pregadores tomou posse do Priorado de São Romão, o primeiro convento regular da Ordem. Em dezembro, Domingos estava de retorno a Roma, onde obteve do sucessor de Inocêncio, Honório III, uma aprovação solene. Desde a primavera de 1217, ele se encontrava novamente no Languedoc e, a despeito de todos os conselhos, com uma coragem inaudita, no momento em que a revolta se inflamava por toda a extensão da província. Ele dispersou seus frades – sete em Paris, quatro em Madri – e retornou a Roma com apenas um companheiro. Foi para lá fundar, quase que imediatamente, o Convento de São Sisto. Ele já tinha reunido mais ou menos trinta frades, mas fiel à sua máxima desconcertante, segundo a qual "o grão apodrece quando amontoado e frutifica quando semeado", ele empurrou uma parte de sua tropa para Bolonha, cuja universidade rival é aquela de Paris. Depois, seguiu para a França, onde ficou sabendo da morte desastrosa de Simão de Monfort e da ruína da cruzada. As fundações de Prouille e de Toulouse estavam em perigo: boa ocasião para tomar dos efetivos reduzidos dois frades; e uma vez que Lyon era a capital da heresia valdense, é para Lyon que ele os enviou. Aliás, ele não teve tempo de acompanhá-los, porque já se deslocava para a Espanha, onde fundaria, em Segóvia, o Convento de Santa Cruz; tornou a atravessar os Pirineus. Deteve-se em Prouille apenas o tempo necessário para dar a cada uma de suas queridas filhas um belo jogo de

rapporté à leur intention dans son bissac, et s'envole à Paris, prenant au passage le frère Bertrand de Garrigue. Il trouve là-bas trente religieux. C'en est assez pour fonder coup sur coup les maisons de Reims, de Metz, d'Orléans, de Poitiers, de Limoges et il repart cinq semaines après pour l'Italie, ou il arrive, toujours à pied, bien entendu. D'ailleurs il a grand'hâte d'en finir, et s'accuse encore d'être trop lent, car voilà qu'il a laissé pousser sa barbe et s'apprête à gagner enfin – après tant de retard – ce pays légendaire des Cumans – sans doute en expiation de sa paresse et pour la rémission de ses péchés.

Il est, en septembre 1219, à Bologne, ou la prédication de son fils Réginald, dil la chronique, a éclaté comme la foudre. La communauté de Saint-Nicolas est en pleine prospérité: on y attend merveilles du disciple préféré du maître. Raison suffisante pour l'envoyer à Paris. < C'est une chose bien admirable, écrit le bienheureux Jourdain de Saxe, que de voir le serviteur de Dieu disperser ses frères avec tant d'assurance! > L'apôtre incendiaire a contre lui, un peu partout, les doyens, les chanceliers, les archidiacres, les évêques, mais il a pour lui le pape. Il entreprend la réforme des moniales romaines, fonde la communauté de Saint-Sixte avec l'aide de quelques-unes de ses filles de Prouille, rappelées en hâte. Les lettres et les bulles pontificales se succèudent sans interruption, brisant toutes les résistances à Paris, à Prouille, à Toulouse, à Madrid, à Rome même. En février 1220, l'éveque de Cracovie

talheres de ébano, que ele discretamente lhes trouxera em seu bornal. Dirige-se rapidamente a Paris, tomando consigo, no caminho, o frei Bertrando de Garrigue. Ele encontra trinta religiosos na cidade. É o suficiente para fundar, uma após outra, as casas de Reims, de Metz, de Orleans, de Poitiers, de Limoges. Cinco semanas depois, retomava o caminho rumo à Itália, aonde chega, como sempre, é claro, a pé. Aliás, Domingos tem sempre grande pressa de terminar as coisas; e, apesar disso, ele se acusa de ser lento demais. Por fim, deixou crescer a barba e preparou-se para ir, enfim – depois de tanto atraso –, para essa legendária Região dos Cumanos – sem dúvida em expiação de sua preguiça e para a remissão de seus pecados.

Em setembro de 1219, Domingos está em Bolonha, onde a pregação de seu filho Reginaldo, segundo a crônica da época, explodiu como um raio. A comunidade de São Nicolau encontra-se em plena prosperidade: lá se esperam maravilhas do discípulo preferido do mestre. Trata-se de uma razão suficiente para enviá-lo a Paris. "É algo muito admirável", como escreve o beato Jordão de Saxônia, "ver o servo de Deus dispersar seus frades com tamanha segurança!" O apóstolo incendiário tem contra si, quase por toda parte, os deães, os chanceleres, os arcediagos, os bispos; mas tem a seu lado o papa. Empreende a reforma das monjas romanas, funda a comunidade de São Sisto, com a ajuda de algumas de suas filhas de Prouille, chamadas às pressas. As cartas e as bulas pontifícias sucedem-se ininterruptamente, quebrando todas as resistências em Paris, em Prouille, em Toulouse, em Marselha e até em Roma. Em

amène à Rome quatre de ses prêtres Dominique en fait quatre Prêcheurs et, deux mois après, les lance à l'assaut de la Pologne. Ils s'en vont três loin vers l'Est, du côté des monts Carpathes, presque à la frontière du pays cuman. Ah! Le bienheureux Père compte les rejoindre bientôt! Mais il veut tenir d'abord le premier chapitre général de l'ordre... Il n'a plus que onze mois à vivre.

D'un regard de l'âme, il peut compter ses monastères épars, déjà puissants, demain rivaux sans doute des plus antiques et des plus riches abbayes. Tous ces prieurs, quelques-uns de race illustre, instruits dans les premières universités du monde, orateurs célèbres, théologiens si sûrs que, par la force des choses et à l'exemple du fondateur, on les voit partout non seulement prêcher contre l'hérésie, mais en rechercher les promoteurs, les convaincre el les livrer au bras séculier (si bien que le fils pleins de douceur des sans-eulottes terroristes réuniront dans la même honorable haine les Prêcheurs et l'Inquisition), reçoivent par centaines des legs pieux el des donations. Ou n'atteindra pas désormais la puissance du nouvel ordre?... C'est le moment que Dominique choisit pour décider d'abandonner les biens déjà acquis, domaines ou dimes, et pour faire contracter par son premier chapitre général une seconde et plus solennelle alliance, cette fois indissoluble, avec la Très Sainte Pauvreté. Il déchire solennellement et symboliquement les chartes devant les Pères capitulaires réunis. Et comme ces pauvres gens vênus de fort loin, au prix de grandes fatigues

fevereiro de 1220, o bispo de Cracóvia leva a Roma quatro de seus padres. Domingos faz deles quatro frades pregadores e, dois meses depois, lança-os à conquista da Polônia. Eles vão para bem longe, em direção ao Leste, ao lado dos Montes Cárpatos, quase na fronteira da região dos cumanos. Ah! O Bem-aventurado Pai espera estar com eles em breve! Mas antes quer reunir o primeiro Capítulo Geral da Ordem... Ele não terá mais que onze meses de vida.

Com um olhar tranquilo, ele pode contar seus mosteiros esparsos, já poderosos, amanhã rivais, sem dúvida, das mais antigas e das mais ricas abadias. Todos os seus priores, alguns de ilustre linhagem, instruídos nas primeiras universidades do mundo, oradores célebres, teólogos tão seguros que, pela força dos fatos e a exemplo de seu fundador, vemos por toda parte não somente pregando contra a heresia, mas tomando contato com os que a promovem, convencendo-os e entregando-os ao braço secular (de tal sorte que os filhos cheios de mansidão dos *sans-culottes* terroristas englobarão no mesmo ódio venerável os frades pregadores e a Inquisição), recebendo centenas de dons piedosos e doações. Até onde chegará, doravante, o poder da nova Ordem?... Foi nesse momento que Domingos decidiu abandonar os bens já adquiridos, propriedades ou dízimos, e para que se fizesse contrair pelo primeiro Capítulo Geral uma segunda e mais solene aliança, desta feita indissolúvel, com a Mui Santa Pobreza. Ele rasga, solene e simbolicamente, os documentos das propriedades perante os padres capitulares reunidos. E como essa pobre gente vinda de tão longe, por causa das grandes

et privations, pourraient être tentés de ceder à quelque faiblesse sur le chemin du retour, il décide d'insérer dans la règle d'aller à cheval et de s'embarrasser d'argent.

Puis il fait vendre à l'encan les chevaux et les mules.

Il quitte Rome en mai 1221, il s'en éloigne à jamais. Deux fois la fièvre l'a terrassé par surprise sans pouvoir encore lui arracher son dernier secret, i'hunble mort que Dieu prépare en lui, et qui brille déjà doucement, dans son coeur, ainsi que la fidèle petite lampe du sanctuaire avant l'élargissement du matin. Après une suprême entrevue à Venise, avec le cardinal Hugolin, son ami, il regagne le couvent de Bologne, d'un dernier vol de ses grandes ailes infatigables. Il y arrive mourant.

Nos agonies portent le signe du remords: elles témoignent contre le passé, elles rompent ses liens, et, devançant le jugement ineffable, dénoncent à plein notre honte. Ah! Que le drap recouvre du moins dans un instant le corps humilié, vide, où resplendissent les seules onctions! Mais la vie auguste du saint vient se jeter dans l'agonie comme dans un gouffre de lumière et de suavité.

On étale un grand sac par terre, et il se couche dessus.

Voici l'homme dont certains forcenès voudront faire un bourreau, et les moins fanatiques une sorte de ministre de la police des âmes. S'il les voit à cette heure, de ce regard qui déjà baigne dans l'avenir, le moine noir et blanc peut bien lever sur eux sa grande main douce et les dissiper comme une fumée! Lui devant qui tout

fadigas e privações, poderia ser tentada a ceder por alguma fraqueza no caminho de volta, ele decidiu inserir na regra a proibição de andar a cavalo e de preocupar-se com dinheiro.

Depois, mandou vender, num leilão, os cavalos e as mulas.

Ele deixa Roma em maio de 1221, e nunca mais voltará para lá. Por duas vezes, a febre abate-se sobre ele de modo inesperado, sem ainda poder tirar seu último segredo, a humilde morte que Deus nele prepara, e que já brilha suavemente em seu coração, como a fiel lampadazinha do santuário, antes do alargar-se do alvorecer. Após um derradeiro encontro, em Veneza, com o cardeal Hugolino, seu amigo, retorna ao Convento de Bolonha, em um último voo de suas grandes asas infatigáveis. Ele chega até lá moribundo.

Nossas agonias trazem o sinete do remorso: testemunham contra o passado, rompem os seus laços e, adiantando-se ao julgamento inefável, denunciam em cheio nossa vergonha. Ah! Que a mortalha encubra, ao menos por um instante, o corpo humilhado, vazio, no qual resplandecem apenas as unções! Mas a vida augusta do santo lança-se na agonia como em um abismo de luz e de suavidade.

Estendem um grande saco no chão, sobre o qual ele se deita.

Eis o homem do qual alguns insensatos irão querer fazer um carrasco, e os menos fanáticos, uma espécie de ministro da polícia das almas. Se ele os contemplasse nesta hora, com aquele olhar que já se banha no futuro, o monge vestido de preto e branco poderia elevar sobre eles sua grande mão suave e dissipá-los como fumaça! Ele, perante o qual tudo se abre, nada compreende do ódio deles,

s'ouvre, il ne comprend rien à leur haine, car justement leur haine n'est rien. Ils invoquent contre lui la science, et il l'a plus chèrement aimée qu'aucun d'eux. La lumière, et il sent qu'elle déborde de lui. Son seul scrupule, s'il y avait place pour un scrupule dans une âme si claire, serait plutôt d'avoir trop aimé, trop servi la première renaissance intellectuelle, jusqu'à paraître sacrifier à l'étude cet office choral même que ces moines réciteront désormais avec une rapidité joyeuse, si différente de la tradition bénédictine. Le siècle s'effrayait d'une source de clarté perdue, tout à coup retrouvée sous les ruines du monde antique, et d'accord avec deux admirables papes, il a redressé son siècle, l'a maintenu frémissant dans la gerbe de lumière que son fils Thomas tournera décidément vers la croix.

Autour du moribond qui achève de se vider de son sang mystique, de sa toute divine charité, dans une effusion de larmes austères, l'ordre bourdonne comme une ruche avec ses centaines de moines qui seront demain des milliers, ses cinq provinces de France, d'Espagne, de Lombardie, de

Rome, de Provence, et ses cinquante monastères. La chrétienté occidentale est sauvée, non seulement des fanatiques obscurs don't le zèle barbare condamnait avec le mariage la vie même, mais de l'Islam, du schisme grec et des fureurs de Frédéric II. Oui, tel quel, cet homme couché est un des plus grands de l'histoire, el il entre néanmoins dans la mort, ainsi qu'il a surmonté la vie, du même élan sans retour, avec le regard de l'enfance. A larges pas réguliers, sa pauvre besace sur le

pois seu ódio, de fato, não tem consistência. Eles invocam contra ele a ciência, mas ele a amou mais ternamente que todos eles. Se invocam a luz, ele sente que ela transborda de seu espírito. Seu único escrúpulo, se houvesse espaço para escrúpulos numa alma tão límpida, seria, antes, ter amado demais, ter servido demais o primeiro renascimento intelectual, a ponto de parecer sacrificar ao estudo o próprio ofício coral, que esses monges doravante recitarão com uma rapidez alegre, tão diferente da tradição beneditina. O século assombrava-se com a perda de uma fonte de claridade, repentinamente reencontrada sob as ruínas do mundo antigo. De acordo com dois papas admiráveis, ele soergueu seu século, manteve-o a vibrar no buquê de luz que seu filho Tomás orientará, categoricamente, em direção à cruz.

Em torno do moribundo que termina de esvaziar-se de seu sangue místico, de toda sua divina caridade, numa efusão de lágrimas austeras, a Ordem fervilha ruidosa como uma colmeia, com suas centenas de monges, que serão amanhã milhares, com suas cinco províncias da França, da Espanha, da Lombardia, de Roma, da Provença e seus cinquenta mosteiros. A cristandade ocidental está salva não apenas dos fanáticos obscuros cujo zelo bárbaro condenava com o casamento a própria vida, mas ainda do Islã, do Cisma Grego e da fúria de Frederico II. Sim, tal qual o vemos, esse homem deitado é um dos maiores da história; ele entra, não obstante, na morte assim como atravessou a vida, com o mesmo élan sem recuo, com o olhar da infância. A largos passos regulares, seu pobre alforje nas costas,

dos, les poches vides, il a parcouru plusieurs royaumes, et à présent qu'il est couché, il a laissé sa besace, mais il a gardé ses gros souliers. Il est prêt, si Dieu le suscite de nouveau. Il ne laisse rien derrière.

Ses fils brûleront ou disperseront ses lettres; les livres annotés de sa main, son bâton de voyage, ses habits, la chaîne de fer dont il se flagellait chaque nuit avec ce puissant râle dont l'écho se répercutait jusqu'à la dernière cellule des frerès qui l'écoutaient, terrifiés. Alors il s'enveloppait, tout sanglant, dans sa chappe, et s'étendait sur un banc ou sur une table...

Cette fois, il est é étendu pour toujours. Ni le souvenir des immenses travaux, ou des mortifications três dures, des prédications ni des miracles, ne détourne un instant son coeur. Il redoule seulement que ses fils ne se laissent, après sa mort, entrainer à une vie trop confortable, et lorsqu'il apprend que les moines agrandissent le monastère et exhaussent les cellules, on le voit fondre en larmes, puis éclater en imprécations terribles, jurant la malédiction de Dieu à quiconque introduirait 1'usage des possessions temporelles dans son odre.

Ils l'ont transporté sur une colline où l'air est pur; mais il craint qu'on ne garde ici son corps. < A Dieu ne plaise que je sois enseveli autre part que sous vos pieds! > Ils le rapportent sur une claie jusqu'au couvent de Saint-Nicolas. Ils l'étendent par terre tout en sueur. Etienne d'Espagne les suit avec un haillon de toile. Ventura de Crémone entend sa confession générale. Ce petit souffle que le frère sent passer sur a face, c´est désormais toute la grande voix qui soulevait Rome,

bolsos vazios, percorreu vários reinos, e agora que ele está deitado, deixou seu alforje, mas não tirou seus pesados calçados. Ele está pronto, se Deus novamente o suscitar. Não deixa nada atrás de si. Seus filhos queimarão ou dispersarão suas cartas; os livros com notas de próprio punho, seu bordão de viagem, suas vestes, a correia de ferro com a qual ele se flagelava todas as noites, com grandes gemidos ofegantes, cujo eco repercutia até a última cela dos frades, que o escutavam apavorados. Então, ele se envolvia, sangrando, em sua capa e se estendia num banco ou sobre uma mesa...

Desta vez, ele está estendido para sempre. Nem a lembrança dos imensos trabalhos, ou das duríssimas mortificações, das pregações, nem dos milagres desviam seu coração por um instante sequer. Ele teme somente que seus filhos se deixem seduzir, após sua morte, por uma vida demasiado confortável, e quando sabe que os monges estão aumentando o mosteiro e estendendo o tamanho das celas, vemo-lo afundar-se em lágrimas, e depois explodir em terríveis imprecações, jurando a maldição de Deus a todo aquele que introduzisse o uso de posses temporais em sua Ordem.

Transportaram-no a uma colina, onde o ar era puro; mas ele temia que seu corpo ficasse lá. "Deus não deseja que eu seja sepultado senão debaixo dos vossos pés!" Carregam-no sobre um estrado até o Convento de São Nicolau. Eles o deitam no chão, todo banhado em suor. Estêvão da Espanha os segue com um velho retalho de tela. Ventura de Cremona ouve sua confissão geral. A este frágil respiro que o frade sente sobre sua face está agora reduzida a grande voz

et c'est la même voix aussi qui, dans le retrait de la nuit, appela Dieu tant de fois d'un cri déchirant, rugissant pour les infidèles, les hérétiques, les Juifs, et dans l'admirable délire d'une charité universelle allant jusqu'à prétendre forcer la justice même du Père, en priant pour les damnés – < ad in infernos damnatos extendebat catitatem suam >.

Les frères sont assemblés pour recueillir, s'il est possible, quelque chose de la parole qui va s'affaiblissant. Dominique fait un signe de la main, ils s'approchent. A l'humhle geste du saint, ils reconnaissent qu'il a quelque aveu public à faire, et qui pèse lourd sur son coeur. Celui qui a paru au pape Innocent III dans un songe, portant l'église de Latran sur ses épaules, conseiller des pontifes, conseiller des princes, arbitre de tant de destinées, maître et législateur de tant de consciences, découvre-t-il en cet instant solennel, avec effroi, le caractère abstrait, presque terrible, de sa vocation doc-trinale? Quel scrupule le tourmente?

Il lève sur les frères ses yeux bleus, son regard intact. < Je m'accuse, dit le maître des Prêcheurs, d'avoir toujours préféré, à celle des vieilles personnes, la conversation des jeunes femmes. >

***

< La religion de mon fils Dominique est un délicieux jardin, immense, joyeux et parfumé >, dit un jour Notre-Seigneur à sainte Catherine, qui le rapporte.

que empolgava Roma; é a mesma voz também que, no recolhimento da noite, invocava a Deus tantas vezes, com gritos lancinantes, bradando em favor dos infiéis, dos hereges, dos judeus, chegando mesmo ao admirável delírio de uma caridade universal, a pretensão de forçar a própria justiça do Pai, rogando pelos condenados – *ad in infernos damnatos extendebat caritatem suam.*

Os frades estão reunidos para recolher, se possível, algo da palavra que se vai enfraquecendo. Domingos faz um sinal com a mão. Eles se aproximam. Ao humilde gesto do santo, eles reconhecem que há alguma confissão pública a ser feita, algo que muito pesa em seu coração. Aquele que apareceu ao papa Inocêncio III em um sonho, carregando sobre seus ombros a Igreja de Latrão, conselheiro de pontífices, conselheiro de príncipes, árbitro de tantos destinos, mestre e legislador de tantas consciências, descobre, nesse instante solene, com espanto, o caráter abstrato, quase terrível, de sua vocação doutrinal? Qual escrúpulo o atormenta?

Ele levanta sobre os frades seus olhos azuis, seu olhar intacto. "Eu me acuso", diz o Mestre dos Pregadores, "de ter sempre preferido a conversação das jovens àquela das pessoas idosas".

***

"A religião de meu filho Domingos é um aprazível jardim, imenso, alegre e perfumado", disse um dia Nosso Senhor à Santa Catarina, conforme ela mesma conta.

Do mesmo autor, leia também:

Em *Joana, Relapsa e Santa*, a exaltação de Joana d'Arc assume para Bernanos uma dupla reflexão sobre a Igreja – a Igreja dos clérigos e a Igreja dos santos. No caso de Joana d'Arc, a Igreja pura e simplesmente condenou uma santa. Que Igreja? Bernanos aponta o dedo para a Igreja institucional, à qual faz duras críticas. No entanto, não coloca a instituição de lado; ela, apesar de sofrível, é necessária.

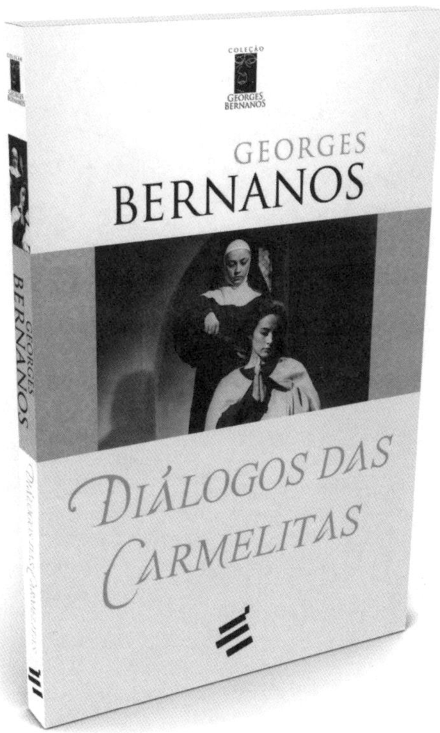

Em 1794, no período da Revolução Francesa, conhecido como Reino do Terror, dezesseis irmãs carmelitas do mosteiro de Compiègne foram condenadas à morte, acusadas de fanatismo, e executadas em praça pública. Aos pés da guilhotina, elas cantaram hinos religiosos e renovaram seus votos. Bernanos mostra um retrato comovente de como a fé é mais forte que a violência.

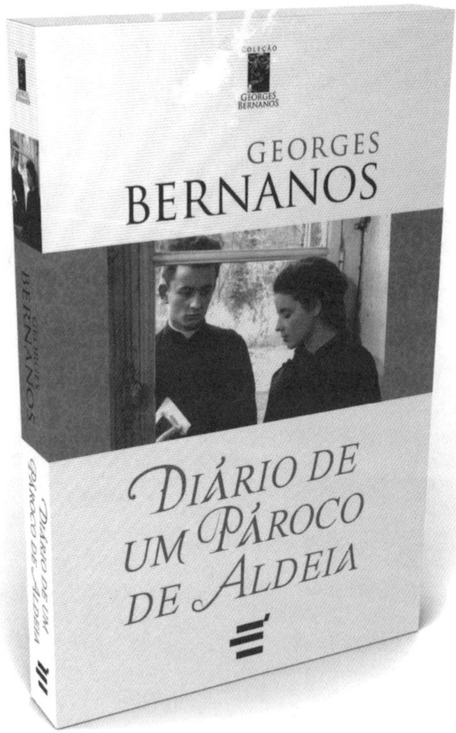

Em forma de confissão, Georges Bernanos narra a vida de um jovem padre católico na região francesa de Ambricourt. Ao denunciar que o cristianismo está sendo transformado em rotina no mundo moderno, o autor retrata a morte simbólica desse mundo no confronto entre conformidade e inconformidade, entre espiritualidade e praticidade. O livro foi adaptado para o cinema em 1951 pelo cineasta francês Robert Bresson.